이영목, 나지훈 교수의
소아청소년 신경질환을 위한

저당지수 식사 가이드

Low
Glycemic
Index
Treatment

이영목, 나지훈 교수의
소아청소년 신경질환을 위한
저당지수 식사 가이드

Low
Glycemic
Index
Treatment

보호자, 영양사, 전문의를 위한 **저당지수 식사요법의 모든 것**

차례

발간사	8
추천사	10
머리말	12

Part 1 | 저당지수 식사요법과 소아신경질환 | 이론 편

1장	저당지수 식사요법의 이해	19
2장	만성 신경질환에서의 저당지수 식사요법 적용하기	29
3장	케톤생성 식사요법과 저당지수 식사요법 진행 시 주의사항	38
4장	저당지수 식사요법 시 발생할 수 있는 문제와 대처 방법	46

Part 2 | 저당지수 식사요법을 위한 심리사회적 지원 가이드

1장	저당지수 식사요법 시작 전 점검하기	49
2장	저당지수 식사요법 마음 관리하기	54

Part 3 | 저당지수 식사요법 실천 가이드

1장	저당지수 식사요법 준비하기	63
2장	저당지수 식사요법 Q&A	80

144

Part 4 | 저당지수 식사요법 맞춤 레시피 | 레시피 편

저당지수 식사요법 레시피를 만들기 전에　　　　　　　　88

1장 날마다 먹는 한 끼 상차림

콜리플라워밥	96	아롱사태편육	116
새송이밥	97	삼치마요네즈구이	118
브로콜리 양배추밥	98	참치채소전	120
두부밥	99	닭가슴살유부구이	122
곤약밥	100	두부스테이크	124
오이무침	101	명란달걀말이	126
소고기들깨미역국	102	반숙달걀장	128
해물순두부찌개	104	연두부달걀찜	130
차돌된장찌개	106	황태달걀죽	132
소고기육전	108	견과류죽	134
새우버터구이	110	닭죽	135
버섯떡갈비	112	달걀게살수프	136
치즈멘치카츠	114	버섯크림수프	137

2장 자꾸 생각나는 일품요리

해초면비빔국수	140	두부면 크림치즈파스타	144
우무묵콩국수	142	포두부 라자냐	146

들기름막국수	148	달걀피자	180
소고기분짜	150	밥전	182
매콤닭볶음면	152	순두부프리타타	184
곤약자장면	154	차돌박이볶음과 두부쌈	186
곤약해물라면	156	달걀오코노미야키	188
두부면 팟타이	158	치킨스테이크	190
달걀양배추볶음밥	160	달걀반세오	192
가지덮밥	162	딥핑토마토치즈퐁듀	194
오징어버터볶음밥	164	곤약로제떡볶이	196
콜리플라워달걀볶음밥	166	저당마라탕	198
스테이크마늘솥밥	168	오븐구이 돈가스정식	200
아보카도명란덮밥	170	함박스테이크 정식	202
참치마요덮밥	172	치즈샥슈카	204
소고기콜리플라워컵밥	174	연어스테이크	206
버터치킨커리덮밥	176	해산물그라탕	208
김치두부오므라이스	178		

3장 소풍 가고 싶어지는 브런치 & 도시락

참치양배추롤	212	두부유부초밥	220
키토김밥	214	당근라페유부롤	222
라이스페이퍼만두	216	치즈케사디야	224
콜리플라워김밥	218	스프링롤	226

메밀면김밥	228	브런치 플레이트	240
아보카도버거	230	치즈양상추샐러드	242
리코타치즈 오이샌드위치	232	라이스페이퍼튀김 연어샐러드	244
피시칩타코	234	안심구이샐러드	246
또띠아랩샌드위치	236	부라타치즈샐러드	248
두부후무스 오픈샌드위치	238	전복구이샐러드	250

4장 아이들이 좋아하는 건강 간식

아몬드 캐슈너트밀크	254	보리견과바	272
아보카도 아몬드스무디	255	생크림푸딩	274
무설탕 딸기에이드	256	크렘브륄레	276
코코넛밀크 아이스바	257	코코넛젤리	278
레몬커드아이스크림	258	코코넛견과치즈롤	280
두부나초	260	치떡치떡	282
크림치즈쿠키	262	견과코코넛초콜릿	284
아몬드와플	264	코코넛투윌	286
흑임자티라미수	266	그릭요거트볼	288
소시지머핀	268	저당 소스	290
연어달걀키쉬	270	드레싱	291

참고문헌	292
맺음말	294
찾아보기	295

발간사

　소아청소년 신경질환은 어렵게 진단이 되더라도 효과적인 치료법을 찾기 어려운 경우도 많고, 기존에 알려진 치료 효과가 환자마다 차이가 나서 안타까운 경우가 흔합니다. 소아청소년 신경질환의 치료법에는 흔히 알려진 약물치료 이외에도 다양한 방법이 존재하는데, 치료적 식사요법도 중요한 치료법 중 하나입니다.

　치료적 식사요법은 특정 식단을 통해 환자 몸의 에너지 대사 방법을 바꾸어서 신경학적 증상의 개선과 신경발달의 증진을 추구하는 치료법입니다. 이 중에서 가장 대표적으로 알려진 것이 케톤생성 식사요법입니다. 이 책에서 소개하는 저당지수 식사요법은 완화된 케톤생성 식사요법으로, 혈당 지수가 낮은 식품을 중심으로 식단을 구성하여 혈당 변동을 최소화하는 식사 방법입니다.

　저당지수 식사요법은 약 20년 전부터 다양한 연구에서 의학적 효과가 증명되어 왔습니다. 기전과 효과 면에서는 케톤생성 식사요법의 장점을 최대한 추구하고, 방법적인 면에서는 환자의 순응도를 크게 향상시키며, 부작용 측면에서는 발생 빈도와 심각성을 현저하게 낮춥니다. 현재까지 저당지수 식사요법은 다양한 만성 신경질환, 특히 뇌전증, 편두통, 자폐스펙트럼장애, 주의력결핍 과잉행동장애, 미토콘드리아 질환 등에서 긍정적인 효과가 보고되고 있습니다.

　저당지수 식사요법을 효과적으로 시행하기 위해서는 식사요법의 개념과 원리, 효과와 부작용 등의 내용을 충분히 이해하는 것이 중요합니다. 의료진의 적절한 판단이나 처방과 더불어 저당지수 식사요법의 실천 가이드가 반드시 필요하며, 실제 환자의 가족들이 저당지수 식사를 준비하고 요리하는 조리법도 필요합니다. 이 책은 다양한 소아청소년 신경질환에서 저당지수 식사요법이 효과적으로 진행될 수 있도록 많은 정보를 담았습니다.

크게 네 개 부분으로, 저당지수 식사요법과 소아신경질환에 대한 이해를 돕는 이론 편, 저당지수 식사요법을 실천하는 동안 겪게 될 심리사회적 문제점을 돕는 지원 가이드, 저당지수 식사 준비를 돕는 실천 가이드, 아이들이 좋아할 만한 음식이 가득한 맞춤 레시피 편으로 구성되어 있습니다. 요리가 잘 드러나는 직관적인 사진과 쉬운 설명으로 최대한 편안하게 다가갈 수 있도록 집필하였습니다. 더 알찬 내용을 위해 연세의대 강남세브란스병원 영양팀과 사회사업팀 그리고 CJ프레시웨이의 전문성과 경험도 합력해 책을 꾸렸습니다.

연세의대 강남세브란스병원 소아청소년과는 환자뿐만 아니라 늘 가족을 함께 생각합니다. 의사의 진료와 질환의 이해가 더해지면 환자는 스스로의 건강에 자신감을 가지게 되고, 가족들은 긍정적 지지로 행복할 수 있습니다. 이 책은 저당지수 식사요법을 시행하고자 하는 의사, 간호사, 영양사들에게는 전문적이고 실질적인 치료서가 될 것이고, 환자와 가족 등 일반인에게도 저당지수 식사요법을 쉽게 이해하고 실천할 수 있는 실용적인 해설서가 될 것으로 기대합니다.

2025년 5월
연세의대 강남세브란스병원 소아청소년과 신경분과
이영목

추천사

저당지수 식사요법을 처방하는
전문가들을 위한 체계적인 가이드

국내에서 난치성 뇌전증 환자 치료를 위해 케톤생성 식사요법을 시행한 지 30년이 되었습니다. 이제 식사요법은 여러 환자와 전문의 선생님들에 의해 그 치료 효과를 인정받고, 더욱 더 많은 소아청소년 신경질환에 응용되고 있습니다. 저당지수 식사요법의 효과를 극대화하기 위해서는 개념과 원리에 대한 충분한 이해와 함께 발생 가능한 문제점들에 대한 실제적인 해결법을 제시하는 것이 중요합니다. 이 책은 최근 많은 주목을 받고 있는 저당지수 식사요법에 대해 이론뿐만 아니라 실제 실천 가이드에 대해서 명료하게 핵심을 설명하고 있습니다. 환자들의 치료를 위해 식사요법을 새로 시작하고 적용하려는 전문가들에게 많은 도움이 될 것으로 크게 기대합니다.

연세의대 소아과학교실 명예교수/전 대한뇌전증학회 회장
김흥동

저당지수 식사요법을 실천하는 환자와
가족들을 위한 실용 지침서

소아청소년 신경질환은 질환의 난이도가 높아서 항상 치료 문제에 직면하게 됩니다. 치료적 가치를 가진 식사요법은 전문의의 처방도 중요하지만, 실제로 환아와 가족들이 실천을 할 수 있도록 도와주는 것이 더 중요할 수 있습니다. 이 책은 환자와 가족들에게 친숙하게 다가가기 위한 많은 노력이 담겨 있습니다. 기존의 딱딱한 의학서적이나 건강서적과는 다르게 저당지수 식사요법에 대해 쉽게 설명하고 있으며, 실제 맞춤 레시피 사진을 활용하여 시각적인 이해를 위한 준비도 탁월합니다. 어려운 환자들을 돌보는 가족들이 치료에 적극적으로 동참하여 치료 효과를 극대화하는 데 큰 도움을 줄 것으로 기대하며 《이영목, 나지훈 교수의 소아청소년 신경질환을 위한 저당지수 식사 가이드》를 적극 추천합니다.

연세의대 소아과학교실 교수 / 전 대한소아신경학회 회장
이준수

소아청소년 신경질환 극복을 위한
소통서

신경질환은 다른 질환에 비해 완치가 어렵지만 완치라는 목표를 위해 의료인들과 환자, 가족들이 늘 함께 고민하고 있습니다. 특히 그 질환이 어린이나 청소년에 해당되는 경우에는 안타까운 마음에 더 최선을 다하게 됩니다. 소아청소년 신경질환을 극복하기 위해서는 전문가들이 가장 최근 연구 및 발표된 치료법을 더 많이 경험하는 것이 필요하고, 환자와 가족들이 최신의 치료법을 더 잘 실천할 수 있도록 소통하는 것이 필요합니다. 이 책은 이 두 가지 소통을 담고 있습니다. 전문가들에게는 경험의 공유를, 환자와 가족들에게는 응원과 희망을 공유할 수 있을 것으로 기대합니다. 소아청소년 신경질환에 관심과 이해를 높이고자 하는 모든 분께 《이영목, 나지훈 교수의 소아청소년 신경질환을 위한 저당지수 식사 가이드》를 자신 있게 추천합니다.

연세의대 소아과학교실 교수 / 세브란스어린이병원 원장
강훈철

머리말

《이영목, 나지훈 교수의 소아청소년 신경질환을 위한 저당지수 식사 가이드》를 펴내며

아이들은 끊임없이 변화하고 성장하는 뇌를 가지고 있습니다. 그 뇌를 건강하게 키우는 가장 중요한 방법은 꾸준한 생활습관 교정이며, 이 가운데 식습관은 가장 핵심적인 부분을 차지합니다. 특히 만성 신경질환을 겪고 있는 소아청소년 아이들에게 식습관은 단순한 영양공급을 넘어 중요한 치료 전략이 될 수 있습니다. 100년 이상의 역사를 자랑하는 '케톤생성 식사요법(Ketogenic Diet)'의 이론을 이어받아, 최근 발전하고 있는 '저당지수 식사요법(Low Glycemic Index Treatment, LGIT)'은 만성 신경질환을 앓고 있는 아이들에게 큰 도움이 된다는 것이 입증되었으며, 그 적용 범위는 점차 넓어지고 있습니다.

필자는 연세대학교 의과대학 강남세브란스병원 소아청소년 신경분과에서 저당지수 식사요법을 시행하며 영양팀과 함께 지속적인 노력을 기울여 왔고 여러 성과를 거두었습니다. 저당지수 식사요법을 성공적으로 적용하기 위해서는 우리나라에서 쉽게 구할 수 있는 재료를 사용하여 표준화하고 다양화하는 작업이 필요함을 느꼈습니다. 이에 저는 많은 분의 도움을 받아 저당지수 식사요법 레시피 개발을 위한 팀을 구성하였고, 수년 동안 우리는 만성 신경질환을 가진 소아청소년 아이들에게 이 식사요법을 적용하며 연구하고, 맛있는 레시피를 개발했습니다.

이를 위해 영양팀, 사회사업팀, 간호팀, 그리고 네츄르먼트의 음식 전문가들과 많은 토론과 고민을 거듭했습니다. 그들의 헌신 덕분에 이 책이 세상에 나올 수 있었습니다. 아울러 이 연구를 진행하면서 많은 격려를 주신 스승님들께 진심으로 감사 말씀을 전합니다.

우리는 환아뿐만 아니라 그 가족의 식단 개선도 목표로 삼았습니다. 또한 식단의 지속성을 위해 맛과 다양성을 충분히 고려했습니다. 책의 이론편은 가급적 쉽게 저술했고 레시피에 집중하였습니다. 이 책을 통해 보다 많은 사람들이 각 가정에서, 기관에서, 병원에서 저당지수 식사요법에 맞는 다양한 음식을 쉽게 재현할 수 있기를 바랍니다.

이 책이 만성 신경질환을 겪고 있는 아이들과 그 가족들에게 실질적인 도움과 위안을 주기를 진심으로 바랍니다.

연세의대 강남세브란스병원 소아청소년과 신경분과
나지훈

연세의대 강남세브란스병원 소아청소년과 신경분과 의료진

소아청소년 신경질환 환아들의
희망이 되길 바라며

    성장기 아이들은 올바른 식습관을 형성하고 정상적인 성장 발달을 위해서는 적절한 영양 공급이 중요합니다. 특히 만성 신경질환을 동반하는 경우 올바른 식사요법 준수는 질병 치료의 중요한 영역일 뿐만 아니라 아이들이 성장을 유지하는 데 필수지만, 처음 식사요법을 시행하는 경우 평소에 즐겨먹는 밥, 빵, 국수와 같은 탄수화물 섭취는 줄이고 지방 섭취는 늘려야 하기 때문에 거부감없이 잘 실천하기에는 많은 어려움이 따릅니다.

    저당지수 식사요법(Low Glycemic Index Treatment, LGIT)'은 난치성 뇌전증 치료를 위한 케톤생성 식사요법의 대안으로 개발되었습니다. 처음 소아청소년 신경분과 교수님의 요청으로 저당지수 식사요법을 환자 식사에 제공하면서 많은 어려움이 있었고, 여러 시행착오를 겪으면서 환아나 보호자들이 좀 더 쉽게 실천할 수 있는 방법을 적용하고 교육을 통해 치료적으로도 효과를 보이는 모습을 보면서 많은 보람도 있었습니다.

    환아와 온 가족이 함께 같은 식사를 할 수 있도록 하겠다는 목표 아래, 기획 단계에서부터 많은 회의를 거쳐 메뉴 개발 방향을 정하고, 이후 다양한 자료 검토와 실험 조리 및 검식 등을 거쳐 100여 가지의 메뉴를 개발하였습니다. 저당지수 식사요법의 기본 식사원칙을 준수하면서 아이들의 성장과 발달에 필요한 영양소를 충족할 수 있도록 다양한 식재료를 활용했으며, 무엇보다도 쉽게 만들 수 있고 맛있는 레시피로 구성하였습니다. 밥, 면 등을 통한 탄수화물 섭취를 줄일 있도록 여러 종류의 밥과 면요리를 개발하였고, 외식을 대체할 수 있는 다양한 일품 요리, 도시락, 특히 간식 레시피는 아이들이 식사요법에 잘 적응하는 데 도움이 될 수 있을 것으로 생각됩니다.

    이 책이 쉽게 따라할 수 있는 저당지수 식사요법 실천의 기준서로, 아이들에게는 거부감 없이 즐겁고 맛있게 먹을 수 있고, 부모님들에게는 부담감 없이 가족과 함께 쉽게 실천하고 따라할 수 있는 가이드가 되기를 희망합니다.

    마지막으로 긴 시간 동안 이 책이 출간되기까지 아낌없는 지원과 응원을 해 주신 많은 분들께 진심으로 감사의 인사를 전합니다.

연세의대 강남세브란스병원 영양팀
김우정, 여지연

저당지수 식사요법의
등불이 되기를 희망하며

만성 신경질환으로 치료받는 소아청소년 환아와 가족을 위한 《이영목, 나지훈 교수의 소아청소년 신경질환을 위한 저당지수 식사 가이드》가 마침내 발간되어 무척 반가운 마음입니다. 또한 본 서의 집필에 참여하게 되어 매우 뜻깊게 생각합니다.

일반적인 건강은 물론 다양한 질환에서 식사의 중요성은 나날이 강조되고 있습니다. 특히 만성질환의 경우 식사요법은 치료의 한 방법이자 전체 치료 과정 중 중요한 부분을 차지합니다. 이는 소아청소년 신경질환의 경우에도 해당되며, 특히 안정성과 효과성이 높은 저당지수 식사요법이 주목을 받고 있습니다. 본 서는 저당지수 식사요법에 대한 전문적인 의료적 정보는 물론 실제로 적용할 수 있는 레시피를 담고 있어 매우 유익할 것으로 기대됩니다.

만성 신경질환의 치료 및 관리를 위해서는 식사, 운동 등을 포함한 자기관리가 요구됩니다. 자기관리는 질병에 대해 이론적으로 이해하는 것에서 그치지 않고, 실제 생활 속에서 필요한 실천을 하는 것입니다. 아는 것이 자연스레 실천으로 이어지지 않기에 실천을 위한 다양한 준비, 변화를 위한 동기, 실제적인 방법의 모색, 실천을 방해하는 장애물의 제거 등 다양한 요건을 갖출 필요가 있습니다. 예컨대 질병에 대한 심리적 적응, 자기관리에 요구되는 행동 및 생활습관 변화, 스트레스 관리, 가족의 협조 및 지지가 기반이 될 때 성공적인 자기관리에 다다를 수 있습니다. 이에 본 서는 저당지수 식사요법 실천에 도움이 될 만한 심리사회적 지원 가이드를 포함하였습니다. 책의 구성상 비교적 간단히 다루고 있으나 적극적으로 활용한다면 유용할 것입니다. 가능하다면 병원 사회사업팀 내 의료사회복지사와의 상담을 통해 보다 개별적이고 심층적인 상담을 이용하는 것도 추천하고 싶습니다.

본 서가 소아청소년 신경질환의 치료 및 관리를 위한 새로운 등불이 되어 환아와 가족에게 치료를 넘어 치유(Healing)를 선사하고, 삶의 질 향상 및 안녕(well-being)으로 이어지기를 희망합니다.

연세의대 강남세브란스병원 사회사업팀
이지현, 태형선

Part 1

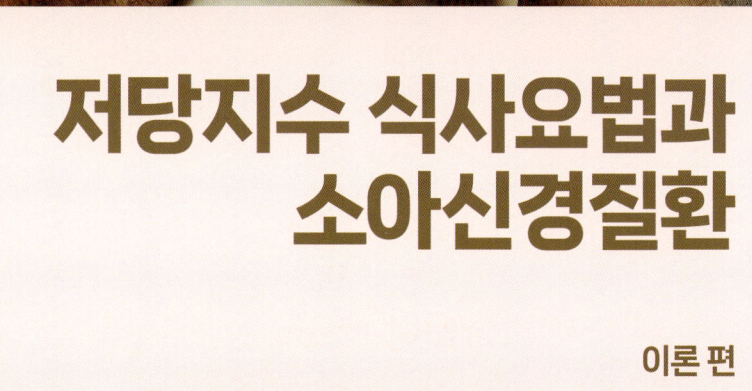

저당지수 식사요법과 소아신경질환

이론 편

Low Glycemic Index Treatment

이영목, 나지훈 교수의
소아청소년 신경질환을 위한
저당지수 식사 가이드

저당지수 식사요법의 이해

저당지수 식사요법(LGIT)이란?

만성 신경질환은 전세계적으로 점점 더 많아지고 있는 추세에 있으며, 이들을 치료하고 관리하기 위한 다양한 의학적인 방법들이 지속적으로 소개되고 발전되고 있다. 만성 신경질환의 대표적인 병증은 뇌전증, 만성 편두통, 자폐스펙트럼장애, 알츠하이머병 등이 있으며 이 외에도 소아청소년기부터 발병하는 다양한 희귀 질환들이 있다.

이 중에서 뇌전증은 학문적인 깊이가 깊고 역사가 오래된 질환으로 약물치료뿐만 아니라 다양한 치료들이 연구 개발되어 있다. 뇌전증 치료를 위한 방법은 크게 네 가지로 나눌 수 있다. 약물치료요법, 치료적 식사요법, 수술적 치료, 신경조절치료가 그것이다. 이 책에서 다룰 내용은 치료적 식사요법이다. 치료적 식사요법이란, 어떤 특정한 식단을 통해 환자의 몸의 에너지 대사 방법을 바꾸어서 항경련 효과, 신경 발달의 증진을 꾀하는 방법이라고 말할 수 있다. 치료적 식사요법을 통해서 뇌전증을 치료하고 관리할 수 있도록 노력하는 것이다. 치료적 식사요법 중 가장 대표적인 것이 케톤생성 식사요법(Ketogenic diet, KD)이다. 케톤생성 식사요법은 소아청소년기의 뇌전증 치료에서 매우 중요한 치료 방법이다. 케톤생성 식사요법은 약물치료요법이나 수술적 치료의 치료 성적을 상회하거나 비등한 효과를 지니고 있으며, 어떠한 특정 유전자 관련 뇌전증 증후군에서는 모든 뇌전증 치료 방법들 가운데 케톤생성 식사요법이 절대적인 효과를 볼 수 있는 치료 방법이 되기도 한다. 이처럼 케톤생성 식사요법은 일반적인 '식사' 처럼 해도 그만, 안 해도 그만인 섭식 활동이 아니라, 식사요법 자체가 마치 하나의 약물치료나 수술적 치료 처럼, 뇌전증을 치료하고 관리할 수 있는 중요한 방법으로 손꼽힌다.

케톤생성 식사요법은 지방, 단백질, 탄수화물의 비율이 일반적인 식사와는 확연히 다르다. 전통적인 케톤생성 식사요법은 칼로리 제한을 기본으로 하며, 지방:비지방(탄수화물+단백질)의 비율이 4:1 혹은 3:1을 이루는, 지방 비율이 높은 식단이다. 이를 통하여 우리 몸에서 케토시스(Ketosis)를 이룩함으로써 항경련효과와 함께 다양한 신경보호작용뿐만 아니라 장내세균의 긍정적인 변화를 목적으로 한다.

여기서 이야기 한 케토시스란 우리 몸이 에너지를 만드는 방법 중 하나이다. 평소에는 우리가 먹는 음식에서 섭취한 탄수화물이 우리 몸에서 포도당으로 바뀌어 에너지원으로 사용된다. 하지만 탄수화물을 충분히 먹지 않으면, 우리 몸은 다른 방법으로 에너지를 만들어야 한다. 이때 지방이 중요한 역할을 하게 되는데, 케토시스는 몸에 탄수화물이 부족할 때, 지방을 분해해서 에너지원으로 사용하는 상태를 말한다. 이 과정에서 케톤(Ketone)이라는 물질이 만들어지는데, 이 케톤이 뇌를 포함한 우리 몸의 여러 기관에 에너지를 공급하게 된다. 이 상태를 의학적인 용어로 '케토시스가 달성되어 있다'고 이야기 한다.

쉽게 말해서, 우리 몸의 세포를 움직이는 원료를 포도당이 아니라 케톤체(Ketone bodies)로 바꾸는 것인데, 이 케톤체가 항뇌전증 효과와 신경보호작용뿐만 아니라 뇌 기능을 강화하는 효과가 있기 때문에 이를 이용하는 것이라고 볼 수 있다. 하지만 일반적인 사람의 몸은 포도당을 이용해서 몸의 세포를 운영하는 데 익숙해져 있기 때문에, 우리 몸의 에너지원을 고지방식이를 통한 케톤체로 바꿀 때, 우리 몸의 주요 장기에서 다양한 부작용이 나타날 수 있다.

또한 케톤생성 식사요법과 같은 극단적인 고지방 식단은 환자가 먹기가 힘들 수 있고, 식단 구성에 상당한 제약이 따르며, 영양적으로 균형이 잡혀 있지 않은 경우가 많다. 따라서, 특별한 상황이 아니라면 케톤생성 식사요법은 아주 오랫동안 안정적으로 유지하기에 어려움이 있다. 특히, 자라나는 소아청소년 아이들에게는 더더욱 그렇다. 물론 이와 같은 전통적인 케톤생성 식사요법은 현재도 많은 환자들에게 시행되고 있으나, 심각한 위장관 관련 부작용 등이 나타나진 않는지 모니터링하면서 진행하는 것이 중요하다.

이 밖에도 환자의 순응도 혹은 의료기관의 경험 및 환경적인 원인으로 케톤생성 식사요법을 진행하기가 어려운 상황이 존재한다. 따라서 지방:비지방(탄수화물+단백질)의 비율을 완화하는 방법으로 연구가 이루어졌고, 그 결과 대표적으로 수정된 앳킨스 식사요법(Modified Atkins Diet, MAD), 중쇄지방산 식사요법(Medium chain triglyceride diet), 저당지수 식사요법(Low Glycemic Index Treatment, LGIT) 등의 식사요법이 등장하게 되었다. 이들 식사법은 모두 케톤생성 식사요법에서 파생된 항뇌전증 식사요법으로써, 이들 식사요법으로써 얻고자 하는 목표는 케톤생성 식사요법과 그 결을 같이 한다고 볼 수 있다. 수정된 앳킨스 식사요법과 저당지수 식사요법은 기본적으로 고지방 식사요법이지만, 전체 칼로리에서 지방이 차지하는 비율이 전통적인 케톤생성 식사요법보다 낮으며 칼로리 제한을 하지 않아도 된다는 측면에서 환자의 순응도가 높고, 식단으로 인한 다양한 부작용들이 적다는 장점이 있다. 이 둘의 식단은 최근 많은 임상적 연구를 통해서 점차 그 적용 범위가 확대되고 있다. 그림-1에는 항뇌전증 치료를 위한 다양한 식사요법들과 일반 식사의 지방, 단백질, 탄수화물의 비율을 알기 쉽게 도식화하여 비교했다.

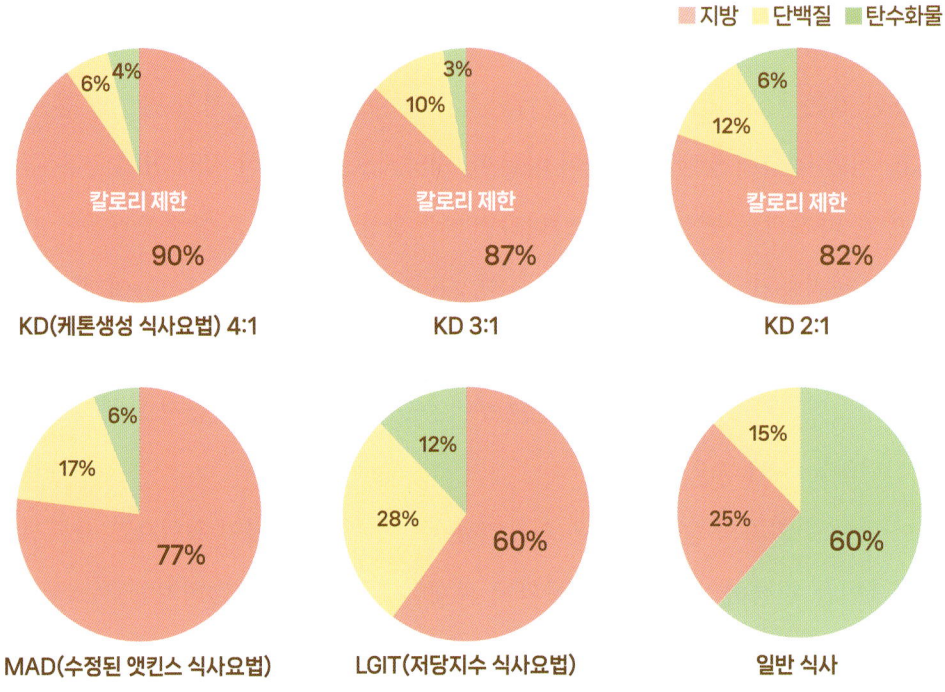

[그림-1 : 케톤생성 식사요법과 수정된 앳킨스 식사요법, 일반 식사의 비교]

그림-1에서 각 식사의 지방, 단백질, 탄수화물 비율이 절대적인 것은 아니지만, 많은 문헌에서 널리 받아들여지고 있는 수치를 표시한 것이다. 일반 식사의 지방, 단백질, 탄수화물 비율은 한국인의 일반적인 영양소 비율을 나타낸 것이지만, 평소 탄수화물을 더 높은 비율로 섭취하는 사람도 주변에서 쉽게 찾아볼 수 있다. 따라서 이 비율은 달라질 수 있다.

그림-1에서 치료적 식사요법들을 보자. 저당지수 식사요법은 칼로리 제한을 하지 않으며, 일반 식사에 비해서 전체 칼로리에서 지방이 차지하는 비율이 약 2.5배 정도이다. 탄수화물은 일반 식사에 비해서 전체 칼로리에서 차지하는 비율이 약 20% 수준으로 낮은 특징이 있다. 이러한 비율은 전통적인 케톤생성 식사요법과 비교하여 크게 완화된 것으로써, 환자의 순응도를 높이는 데 크게 기여한다.

저당지수 식사요법은 2005년 〈Neurology〉에서 발표된 논문에서는 'Liberalized ketogenic diet for treatment of intractable epilepsy(난치성 뇌전증의 치료를 위한 완화된 케톤생성 식사요법)'이라고 표현하면서 환자와 의료진들이 케톤생성 식사요법을 수행할 수 없거나, 케톤생성 식사요법을 하기 어렵거나, 케톤생성 식사요법을 시작하기 위한 준비 시간이 오래 걸릴 경우 저당지수 식사요법을 전통적인 케톤생성 식사요법의 대안으로 고려하는 것을 권장한 바 있다. 이후 저당지수 식사요법의 대한 다양한 적용과 이에 대한 연구 성과가 20년 가까이 이어지면서, 저당지수 식사요법이 난치성 뇌전증의 치료뿐만 아니라, 다양한 만성 신경질환을 치료하기 위한 좋은 식단으로써 전세계적으로 널리 알려졌다.

저당지수 식사요법의 원리와 안정성

저당지수 식사요법이 갖고 있으며 목표하는 항뇌전증 효과는 케톤생성 식사요법과 결을 같이 하지만 저당지수 식사요법은 케톤생성 식사요법과 달리 우리 몸에서 케토시스를 이룩하는 것을 반드시 목표로 하지는 않는다. 케토시스란, 우리 몸에서 탄수화물의 섭취가 크게 줄어들거나 거의 없는 상황에서 지방이 주요 에너지원으로 사용이 될 때 발생하는 특정한 대사 상태를 일컫는다고 언급한 바 있다. 이때 발생되는 케톤체는 혈액으로 방출되어 뇌, 근육, 다른 주요 장기 등에서 에너지원으로 사용된다. 마치, 일반적인 식단에서 포도당이 에너지원으로 사용되는 것처럼, 우리 몸이 케토시스 상태가 되면 포도당 대신 케톤체가 에너지원으로 대체가 되는 것이다. 이러한 케토시스는, 극단적인 금식 상태나 케톤생성 식사요법으로 유도될 수 있다. 케토시스 부작용으로는 우리 몸에 케톤산증(Ketoacidosis)을 일으킬 수 있다는 점이다. 이는 혈액에 케톤체가 과도하게 축적되어 우리 몸이 산성화가 되어 다양한 부작용이 일어나는 상태이다. 케토산증의 부작용으로는 심각한 탈수, 복통, 설사, 호흡 곤란, 구토와 메스꺼움, 피로감, 정신착란, 저혈압, 신부전, 급성 췌장염, 대사성 산증 등이 있을 수 있다. 심각한 경우 생명을 위협할 수 있는 상황이 초래될 수도 있으므로 케톤생성 식사요법을 시행하고 관리할 때에는 경험이 많은 의료진들과 영양사들의 도움을 받아 세심하게 진행해야 한다.

반면 저당지수 식사요법은 케토시스 자체를 목적으로 하는 것은 아니기 때문에 케톤산증으로 인한 위험성이 전통적인 케톤생성 식사요법과 비교하여 현저하게 적다. 그러나, 일부 환자들에게서는 저당지수 식사요법으로도 약한 수준의 케토시스가 달성되기도 한다. 저당지수 식사요법의 지방을 구성하는 데 있어서, 중쇄지방산을 적절히 잘 활용하면, 중쇄지방산 식사요법의 장점을 동시에 가져갈 수 있는 더욱 효과적인 식단으로 구성이 가능하다는 장점이 있다. 이 책의 레시피에는 기존의 저당지수 식사요법에 중쇄지방산 식사요법의 장점을 두루 갖춘 식단을 소개했다. 저당지수 식사요법에서 탄수화물을 식단으로 구성할 때에는, 단순당을 제한하고 당지수(Glycemic Index)가 낮은 복합 탄수화물을 선택하는 것을 원칙으로 한다.

저당지수 식사요법의 효과

저당지수 식사요법은 우리 몸에서 혈당을 서서히 상승시킴으로써 혈당 변동 폭을 줄이며, 에너지 공급을 기복 없이 일정하게 유지함으로써 체내의 피로도 감소에 도움을 준다. 또한 다양한 식이섬유를 식단에 구성함으로써, 혈당의 급격한 상승을 막을 수 있다. 이와 같이 급격한 혈당 변화를 억제하는 저당지수 식사요법은 과도한 혈당 및 혈당 변화로 인한 신경계의 과민도와 발작 경향성을 낮출 수 있다. 저당지수 식사요법은 케톤생성 식사요법의 장점처럼 뇌신경계의 산화적 스트레스를 줄이고 항염증 효과가 있기 때문에 이를 통한 신경계 보호 효과가 있으며, 뇌신경계의 흥분성 신경전달물질과 억제성 신경전달물질의 균형을 도모함으로써 발작을 억제할 수 있다. 이뿐만 아니라 저당지수 식사요법이 미토콘드리아의 기능의 보호작용을 할 수 있으며, 장내세균의 긍정적인 변화를 통해 뇌신경의 안정화와 발달에 기여한다는 점에 대해서도 연구가 진행되고 있다.

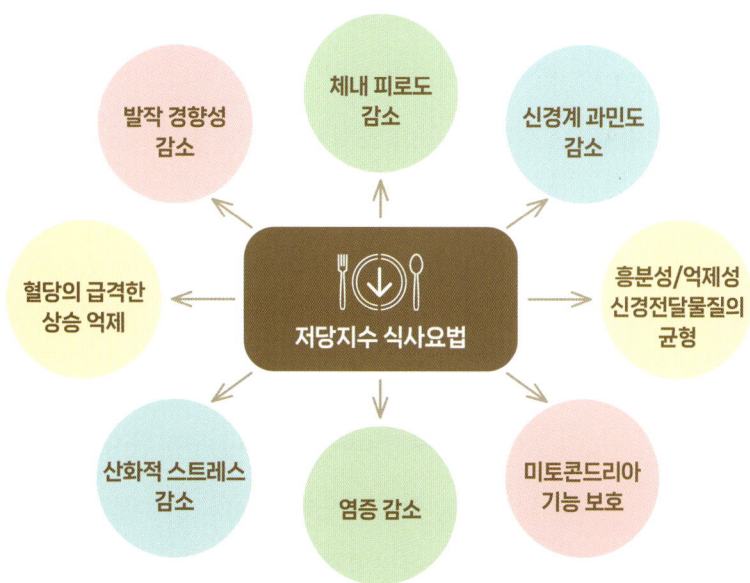

[그림-2 : 저당지수 식사요법의 효과]

저당지수 식사요법의 항뇌전증 효과는 약 20년 전부터 다양한 연구로써 증명이 되어 왔다. 전통적인 케톤생성 식사요법의 엄격한 식단 준수는 소아청소년 환자의 순응도를 떨어뜨릴 수 있고, 식단을 준비하는 보호자들의 과도한 부담으로 이어지게 될 수 있다. 또한 전통적인 케톤생성 식사요법은 숙련된 의료진과 영양팀의 지원이 반드시 필요하므로 이를 갖추지 못한 의료기관에서는 시행과 유지에 큰 어려움이 따른다.

지금까지 다양한 기관에서 연구된 저당지수 식사요법의 항뇌전증 효과를 종합한 최근의 메타연구에서는 저당지수 식사요법의 뛰어난 항뇌전증효과에 주목하고 있다. 2023년에 〈JAMA Pediatrics〉에서 발표된 체계적 문헌고찰 및 네트워크 메타 분석에서는 12개의 무작위 임상시험에 참여한 총 907명의 환자들을 대상으로 분석하였으며, 난치성 소아청소년 뇌전증에서 케톤생성 식사요법, 수정된 앳킨스 식사요법, 저당지수 식사요법 모두 50% 이상의 발작 감소에 효과적이었다고 결론지었다. 그중에서도 저당지수 식사요법은 식사요법으로 인한 부작용이 가장 적었기 때문에 식사 치료를 유지하기에 수월했고, 따라서 가장 적은 치료 중단율을 기록했다.

2024년에 〈Seizure〉에 발표된, 체계적 문헌 고찰 및 메타 분석에서는 2005년부터 2021년 사이에 발표된 13개의 연구를 포함하였으며, 저당지수 식사요법은 소아청소년 뇌전증 환자에서 발작 빈도를 감소시키는 데 유효하다는 결론을 발표했다. 특히 50% 미만의 경련 억제는 약 39%에서 달성되었고, 50% 이상 90% 미만의 경련 억제는 약 34%에서 달성되었으며, 90% 이상의 경련 억제를 달성한 비율은 19%라고 보고하였다. 이처럼 저당지수 식사요법은 난치성 뇌전증 환자들에게서 50% 이상의 경련 억제를 하는 데 있어 케톤생성 식사요법이나 수정된 앳킨스 식사요법에 전혀 뒤처지지 않는 효과를 보인다는 것이 다수의 연구로 증명되고 있다.

또한 저당지수 식사요법은 혈당을 안정적으로 유지할 수 있으며, 혈중 콜레스테롤 및 트리글리세리드 수치를 개선할 수 있기 때문에 대사적인 측면뿐만 아니라, 당뇨병이 동반된 뇌전증에서도 큰 효과를 발휘할 수 있다. 한편 저당지수 식사요법은 섬유질이 풍부한 식단으로 구성하기 때문에 장내세균의 긍정적인 변화를 통해 변비, 설사 등의 위장관 증상을 크게 개선시키고, 에너지 흡수와 항뇌전증 약제들의 안정적인 흡수를 돕는다. 뿐만 아니라 혈당의 급격한 변화가 적기 때문에, 스트레스 호르몬 수치의 안정화를 돕고 이로 인한 정서적인 안정을 꾀할 수 있다. 더불어 저당지수 식품을 식단에 구성하기 때문에, 에너지가 천천히 방출되어 안정적인 에너지 공급이 가능해 우리 몸의 운동 능력을 향상시킬 수 있으며, 근육의 효과적인 회복에 유리하고 뇌의 에너지 대사를 안정시켜 집중력과 기억력 향상에 도움을 줄 수 있다.

저당지수 식사요법의 장점

저당지수 식사요법은 '완화된 케톤생성 식사요법' 으로써, 케톤생성 식사요법의 장점을 최대한 취하고, 단점은 극복하는 식사 치료이다. 저당지수 식사요법이 갖는 장점은 다음과 같이 요약할 수 있다.

- 전통적인 케톤생성 식사요법에 비해, 케토산증으로 인한 부작용을 크게 줄일 수 있다.
- 영양적으로 균형이 잡혀 있어 오랫동안 식단 유지가 가능하다.
- 케톤생성 식사요법처럼 식단 구성이 엄격하지 않아서, 환자의 생활 패턴 적용에 상대적으로 용이하다.

- 저당지수 식사요법 자체만으로 경련을 완전히 억제하기는 어려울 수 있지만 기존의 항경련제와 더불어 50% 이상의 경련 억제 효과를 꾀할 수 있다.
- 활성산소 억제 기능이 있으며, 뇌의 미토콘드리아 기능 강화에 도움을 준다.
- 장내세균을 좋은 균의 집단으로 만들어 뇌 발달에 도움을 준다.
- 지나친 혈당 상승이 억제되어, 질병의 합병증으로 당뇨가 있을 경우 당뇨 조절에 도움을 준다.
- 일부 환자들의 경우 저당지수 식사요법으로도 케토시스가 달성되어 부작용이 없으면서 케톤생성 식사요법과 비등한 효과를 볼 수 있다.
- 전통적인 케톤생성 식사요법과는 달리 전체 칼로리에 제한을 두지 않기 때문에, 영양소 비율을 유지하면서 전체 칼로리 조절을 상황에 따라 할 수 있다. 이러한 장점은 다양한 신경질환군에게 맞춤형으로 식단을 제공할 수 있는 이점이 있다.
- 케톤생성 식사요법에 비해 저당지수 식사요법은 식단과 메뉴의 구성에 있어서 다양성이 크다.

보호자가 저당지수 식사요법을 배우고 요리를 만들어 환아에게 제공하는 행위를 통해 치료에 적극적으로 참여하게 되는데, 이는 뇌전증과 같은 만성 뇌신경질환을 치료하는 핵심 의료진으로서 기능하는 것이다. 쉽게 말해 부모님이 아이의 질병을 대하는 마음가짐을 보다 적극적이고 능동적으로 갖게 하며, 부모 스스로가 아이들의 질병을 치료하는 데 크게 일조하게 된다. 따라서 부모님이 저당지수 식사요법을 통해 커다란 자기효능감을 얻을 수 있으며 이러한 효능감은 난치성 소아신경질환과 싸워나가는 데 자신감과 자부심을 갖게 한다.

만성 신경질환에서의 저당지수 식사요법 적용하기

앞서 이야기 했듯이 저당지수 식사요법은 혈당 지수가 낮은 식품을 중심으로 식단을 구성하여 혈당 변동을 최소화하는 식사 방법이다. 다양한 만성 신경질환, 특히 만성 편두통(Chronic migraine), 자폐스펙트럼장애(Autism Spectrum Disorder, ASD), 주의력결핍과잉행동장애(Attention-Deficit Hyperactivity Disorder, ADHD), 미토콘드리아 질환(Mitochondrial disease) 등에서 저당지수 식사요법의 긍정적인 효과가 보고되고 있다. 다음은 이러한 질환에서 저당지수 식사요법의 효과와 관련된 근거를 정리한 내용이다.

1. 만성 편두통(Chronic migraine)

소아청소년 만성 편두통은 지속적으로 반복되는 편두통으로, 이로 인해 일상 생활에 지장이 생길 수 있다. 소아청소년기의 만성 편두통은 성인기로 이어지면서, 일상적인 활동, 학업, 업무에 지속적인 어려움을 겪으며 사회적인 손실로 이어질 수 있다. 만성 편두통의 발생기전은 다양하므로, 치료 방법도 다양할 수밖에 없다. 하지만 궁극적으로는 건강한 식사요법과 같은 강력한 생활습관 교정 치료가 만성 편두통의 가장 중요한 치료 방법임은 분명하다. 최근 저당지수 식사요법이 편두통을 예방하고, 두통의 강도와 빈도를 약화시킬 수 있다는 근거들이 소개되고 있다. 저당지수 식사요법이 만성 편두통을 개선시키는 근거는 다음과 같다.

▶ 혈당 변동과 편두통의 관계

혈당의 급격한 변동은 편두통 발작을 유발할 수 있다. 혈당이 급격히 상승하거나 하락할 때, 뇌의 대사 스트레스와 신경 화학적 변화를 초래할 수 있으며, 그 결과 편두통이 발생할 수 있다. 저당지수 식사요법은 혈당을 서서히 상승시키고, 급격한 혈당 변동을 방지하여 편두통의 발생 빈도를 줄일 수 있다.

▶ 인슐린 민감성 개선

편두통 환자에서 인슐린 저항성과 관련된 문제가 보고되었다. 인슐린 저항성은 혈당 조절을 방해하며, 이로 인해 편두통 발작의 위험이 증가할 수 있다. 저당지수 식사요법은 인슐린 민감성을 개선하여 이러한 문제를 완화하고, 편두통 증상을 감소시킬 수 있다.

▶ 염증과 산화 스트레스 감소

편두통 환자들은 염증성 사이토카인이 증가하는 경향이 있으며, 이는 편두통의 중요한 기전 중 하나로 작용할 수 있다. 뇌신경 세포는 에너지가 많이 필요하기 때문에 에너지를 생성하는 세포소기관인 미토콘드리아가 많이 분포되어 있다. 미토콘드리아 기능이 저하된 상태에서는 뇌신경 세포들이 필요한 에너지를 얻지 못한다. 그 결과 뇌신경 세포들이 제대로 작동하지 않게 되고 이는 기억력 저하, 집중력 문제, 피로감, 그리고 심한 경우에는 뇌의 발달이나 기능에 문제가 생길 수 있다. 최근에는 만성 편두통 환자들에게서 미토콘드리아 기능 저하가 발견되었다는 실험 결과가 소개되었다. 저당지수 식사요법은 사이토카인에 의한 염증 반응을 줄이고, 항산화 작용을 통해 산화 스트레스를 감소시키며 미토콘드리아 기능 저하를 예방함으로써 편두통의 빈도와 강도를 줄이는 데 도움이 될 수 있다.

2. 자폐스펙트럼장애(Autism Spectrum Disorder, ASD)

자폐스펙트럼장애로 진단된 아이들은 음식에 대한 과도한 민감성이 있고, 제한된 식습관 때문에 뇌 발달에 필요한 영양소가 고르지 못한 경우가 많다. 따라서 저당지수 식사요법과 같이 영양적으로도 균형이 잡혀 있으면서, 뇌신경의 기능을 향상시킬 수 있는 식사요법이 주목받고 있다. 또한, 저당지수 식사요법은 장내 세균총을 유익균으로 호전시킬 수 있으며, 이는 소아기 뇌 발달을 촉진시킬 수 있다는 학설이 소개되고 있다. 최근에는 자폐스펙트럼장애 환자의 행동장애와 사회성을 증진시킬 수 있다는 연구들이 소개되면서 저당지수 식사요법으로 자폐스펙트럼장애를 치료하려는 시도가 주목받고 있다.

▶ **뇌 에너지 대사 지원**

자폐스펙트럼장애 환자들은 종종 뇌의 에너지 대사에 이상이 생기는 경향이 있다. 뇌는 주로 포도당을 에너지원으로 사용하므로 안정적인 포도당 공급이 중요하다. 저당지수 식사요법은 지나친 포도당의 공급보다는 안정적이고 지속적인 포도당 공급을 통해 뇌의 대사를 지원하고, 신경학적 기능을 개선할 수 있다.

▶ 행동 및 인지 기능 개선

자폐스펙트럼장애 환자들은 행동 문제와 인지기능장애를 보일 수 있다. 저당지수 식사요법은 혈당 변동을 최소화하여 신경전달물질의 균형을 유지하고, 이로 인해 행동 문제와 인지기능장애를 완화할 수 있다.

▶ 염증 및 산화 스트레스 조절

자폐스펙트럼장애 환자에서 중추 신경계의 염증과 산화 스트레스의 증가가 보고되었다. 중추신경계의 염증과 산화 스트레스의 증가는 뇌세포 발달을 심각하게 저해할 수 있다. 저당지수 식사요법은 이러한 염증 반응과 산화 스트레스를 줄이는 데 도움이 되며, 이는 신경 보호 효과를 통해 자폐스펙트럼장애 증상의 일부를 완화하는 데 기여할 수 있다.

▶ 장내세균의 균형 조절

장내세균의 균형을 조절하여 뇌 발달에 긍정적인 영향을 미칠 수 있는 유망한 접근법으로 케톤생성 식사요법과 그 변형 식단들이 주목받고 있다. 최근 연구들에 따르면, 자폐스펙트럼장애 환자에서 장내세균 불균형이 신경발달 이상 및 염증 반응과 밀접하게 연관되어 있다고 밝혀지고 있는데, 케톤생성 식사요법과 저당직수 식사요법은 장내세균의 다양성을 증가시키고, 항염증성 대사산물을 증가시키며, 이로 인해 신경 염증을 감소시키는 데 기여할 수 있다. 특히, 저당지수 식사요법은 식사의 순응도를 높히면서 기존의 약물 치료로는 다루기 어려운 자폐스펙트럼장애의 핵심 증상들을 완화시키는 데 중요한 역할을 할 수 있다.

3. 주의력결핍 과잉행동장애(Attention-Deficit Hyperactivity Disorder, ADHD)

▶ 혈당 안정화와 집중력 개선

주의력결핍 과잉행동장애, 즉 ADHD 환자의 특징은 집중력 부족과 과잉 행동이다. 혈당의 급격한 변동은 이러한 증상을 악화시킬 수 있다. 혈당이 급격히 오르면 에너지가 갑자기 많이 생기고, 이후 에너지가 급격히 떨어지면서, 행동에 커다란 기복을 일으키며 피로 및 집중력 저하가 생길 수 있다. 저당지수 식사요법은 혈당을 느리게 올리는 저당지수 탄수화물을 재료로 하므로 하루 종일 일정하게 에너지를 공급해주며, 혈당을 안정화 시키고 집중력 유지에 도움이 될 수 있다. 혈당이 안정적으로 유지되면, 주의력이 개선되고 과잉 행동이 줄어들 수 있다. 따라서 저당지수 식사요법은 ADHD 환자들의 혈당을 안정적으로 유지하여 집중력과 행동 조절 능력을 개선하는 데 도움이 될 수 있다. ADHD 환자들 치료에는 약물치료가 주를 이루고 있는데, 약물치료에 불응하거나 약물치료의 부작용이 심한 경우 저당지수 식사요법을 병행하면 상당히 호전될 수 있다.

▶ 신경 전달 물질의 균형

ADHD는 도파민과 같은 신경전달물질 불균형과 관련이 있다. 저당지수 식사요법은 혈당 변동을 최소화하여 도파민 시스템의 안정성을 유지하고, 이로 인해 ADHD 증상을 완화하는 데 기여한다.

▶ **체중 관리와 건강한 식습관**

ADHD 환자들은 종종 충동적인 식습관을 가지고 있으며, 이는 체중 증가와 건강 문제로 이어질 수 있다. 저당지수 식사요법은 건강한 식습관을 촉진하고 체중 관리를 돕는 데 유용하다.

4. 미토콘드리아 질환(Mitochondrial disease)

미토콘드리아 질환은 세포의 에너지를 생산하는 세포소기관인 미토콘드리아에 이상이 생겨, 신체가 필요로 하는 에너지를 충분히 만들지 못하는 다양한 질환이다. 특히 에너지를 많이 필요로 하는 근육이나 뇌와 같은 기관에 영향을 커다란 미칠 수 있다. 저당지수 식사요법은 이러한 질환에 긍정적인 영향을 끼친다. 안정적인 에너지 공급, 혈당 변동의 최소화, 뇌 기능 보호 등의 여러 장점이 있다. 저당지수 식사요법은 미토콘드리아 기능 저하로 인한 다양한 증상을 효과적으로 관리할 수 있는 방법 중 하나다. 또한 저당지수 식사요법이 에너지 대사를 개선시킴으로써 효과를 줄 수 있다는 점은, 저당지수 식사요법이 다양한 신경계 질환 뿐만 아니라 일반인에게 응용할 수 있는 부분으로써 주목받고 있다.

▶ **에너지 대사 개선**

미토콘드리아 질환은 세포의 에너지 생성에 문제를 일으키며, 이는 신경계 기능에 영향을 미친다. 저당지수 식사요법은 안정적인 에너지 공급을 가능하게 한다. 저당지수 식품은 소화가 천천히 진행되면서 혈당을 서서히 올리기 때문에, 신체에 지속적으로 에너지를 제공할 수 있다. 미토콘드리아 기능이 저하된 사람들은 에너지를 효율적으로 생산하지 못하므로, 혈당의 급격한 변동 없이 일정한 에너지가 필요하다. 그러나 저당지수 식사는 안정적인 에너지를 공급하며 피로감 감소와 체력 유지에 중요한 역할을 한다.

▶ 젖산 축적 완화 및 혈당의 급격한 변동의 방지

일부 미토콘드리아 질환에서는 젖산이 축적되어 산증을 유발할 수 있다. 저당지수 식사요법은 혈당과 인슐린 조절을 통해 젖산 축적을 줄이고, 산증의 발생을 방지할 수 있다. 저당지수 식사요법은 혈당의 급격한 변동을 방지할 수 있기 때문에, 혈당이 갑자기 오르내리면 신체는 스트레스를 받게 되고, 이는 미토콘드리아 기능이 약화된 사람들에게 더 큰 문제를 일으킬 수 있다. 실제로 미토콘드리아 질환 가운데 혈당 변동에 매우 취약한 세부 유형이 있으므로 치료에 특별한 주의를 요하는 경우가 있다. 이들 환자들은 혈당 변동이 클수록 에너지를 유지하는 데 어려움을 겪을 수 있으며, 이는 일상생활에 큰 영향을 미친다. 저당지수 식사요법은 미토콘드리아 질환자들에게 혈당을 천천히 그리고 지속적으로 올려 신체 스트레스를 줄이고 더 안정적인 상태를 유지하도록 돕는다.

▶ 산화 스트레스 감소

미토콘드리아 질환은 산화 스트레스를 유발할 수 있으며, 이는 세포 손상과 염증을 초래하고 뇌기능을 감소시킨다. 저당지수 식사요법은 항산화 성분이 풍부한 식품을 포함하여 산화 스트레스를 감소시키고, 세포 손상을 방지하는 데 도움을 줄 수 있다.

5. 기타 만성 신경질환

　소아청소년기의 다양한 만성 신경질환 뿐만 아니라, 성인에서 주로 발병하는 알츠하이머병, 파킨슨병, 다발성 경화증(Multiple Sclerosis)과 같은 퇴행성 신경질환, 그리고 우울증과 같은 만성 정신질환 관리에 있어 저당지수 식사요법과 같은 식사 개입의 중요성이 점차 대두되고 있다. 이러한 질환들은 신경세포의 퇴화와 기능 손실을 특징으로 하며, 병의 진행을 늦추거나 증상을 완화시키기 위한 다양한 접근법이 연구되고 있다. 저당지수 식사요법은 이와 같은 퇴행성 신경질환에서 뇌 기능 보호, 뇌 위축 방지, 염증 및 산화 스트레스 감소, 인슐린 저항성 개선 등 여러 측면에서 긍정적인 영향을 미칠 수 있는 건강한 식사요법이다. 이러한 까닭으로 저당지수 식사요법은 알츠하이머병, 파킨슨병, 다발성 경화증 등 다양한 퇴행성 신경질환의 관리에 있어 유용한 전략으로 고려될 수 있다.

▶ 신경 보호 효과와 항염증 작용

　저당지수 식사요법은 신경 보호 효과를 가지고 있어, 다양한 만성 신경질환에서 신경 손상을 예방하거나 줄일 수 있다. 이는 파킨슨병, 다발성 경화증과 같은 질환에서도 유익할 수 있다. 퇴행성 신경질환에서는 만성적인 염증 반응이 뇌와 신경계에 지속적으로 영향을 미치며, 질환의 진행을 악화시킬 수 있다. 고혈당 상태는 염증 반응을 촉진시킬 수 있는 반면, 저당지수 식사요법은 이러한 혈당 상승을 억제하여 염증 발생을 줄일 수 있다. 특히 다발성 경화증과 같은 자가면역질환에서 염증은 중요한 역할을 하므로, 염증을 감소시키는 저당지수 식사요법이 질환의 증상 완화에 기여할 수 있다.

▶ **신경세포 손상 예방**

앞서 이야기 했듯이, 저당지수 식사요법은 성인의 신경질환에서도 산화 스트레스를 감소시킬 수 있다. 산화 스트레스는 신경세포 손상의 주요 원인 중 하나로, 활성 산소가 과다 생성돼 신경세포를 손상시키는 것이다. 고혈당 상태는 산화 스트레스를 증가시키며, 이로 인해 신경세포가 손상될 가능성이 커진다. 저당지수 식단은 혈당의 안정화를 통해 산화 스트레스를 줄이는 데 기여하며, 이는 파킨슨병과 같은 신경세포 손상이 주요한 질환에서 특히 중요한 역할을 한다.

▶ **정서적 안정, 정신 건강, 인지 기능 유지 및 향상**

혈당 변동은 기분과 정서적 상태에 영향을 미칠 수 있다. 저당지수 식사요법은 혈당의 급격한 변동을 줄여 정서적 안정을 높이고, 불안과 우울증 증상을 완화하는 데 기여한다. 이는 만성 신경질환 환자의 삶의 질을 개선하는 데 중요한 요소이다. 또한 혈당을 안정적으로 유지하여 인지 기능을 보호하고, 알츠하이머병과 같은 신경 퇴행성 질환에서 기억력 및 인지 기능 저하를 예방할 수 있다.

이처럼, 저당지수 식사요법은 다양한 만성 신경질환에서 중요한 치료적 도구로 평가될 수 있다. 저당지수 식사요법은 혈당 조절, 인슐린 민감성 개선, 염증 및 산화 스트레스 감소 등을 통해 이러한 질환들의 증상 관리에 기여한다. 각 질환의 특성에 맞춘 개별화된 식사 관리가 필요하며, 경험 많은 의료진과 영양팀의 지도 아래 저당지수 식사요법을 적용하는 것이 바람직하다. 저당지수 식사요법은 단순한 식사요법을 넘어, 신경계 질환의 관리에 있어 포괄적이고 효과적인 접근법을 제공한다.

케톤생성 식사요법과 저당지수 식사요법 진행 시 주의사항

케톤생성 식사요법과 저당지수 식사요법은 모두 고지방식을 기반으로 하지만, 두 식사요법은 특성과 부작용 면에서 차이가 있다. 아래는 각 식사요법에서 발생할 수 있는 부작용을 비교하여 정리한 내용이다.

1. 케톤생성 식사요법 진행 시 주의할 점

▶ 영양 결핍

케톤생성 식사요법은 탄수화물 섭취를 극도로 제한하며 비타민과 미네랄, 특히 비타민B군, 비타민D, 칼슘, 마그네슘, 셀레늄 등의 섭취가 부족해질 수 있다. 또한 식이섬유 부족으로 인해 변비가 발생할 수 있다.

▶ 케톤산증

케톤생성 식사요법은 간에서 케톤체를 생성하는 과정에서 이루어지며, 이로 인해 혈액의 산성도가 높아질 수 있다. 이러한 상태가 심해지면 케톤산증이 발생하는데, 이는 특히 제1형 당뇨병 환자에게 위험하며 증상으로는 메스꺼움, 구토, 복통, 호흡 곤란 등이 있다.

▶ 간 및 신장 부담

고지방 섭취는 간에 부담을 주어 지방간이나 간 기능 저하를 초래할 수 있다. 또한 단백질 섭취가 증가하면 신장에 부담이 가해질 수 있으며, 신장을 통해 케톤체와 기타 대사 산물이 배출되면서 신장 기능 저하나 신결석의 위험이 높아질 수 있다.

▶ 고지혈증

케톤생성 식사요법은 고지방식을 포함하므로, 일부 환자에게서 혈중 콜레스테롤 및 트리글리세리드 수치가 증가할 수 있다.

▶ 기타 부작용

- 케토독감(Keto flu): 케톤생성 식사요법 시작 초기에는 피로, 두통, 메스꺼움, 집중력 저하등 '케토독감'으로 알려진 다양한 증상이 나타날 수 있다. 이는 몸이 케톤 대사에 적응하는 과정에서 발생하는 일시적인 증상이다. 케톤생성 식사요법과 그 변형 식단을 시작하고 일주일 정도 증상이 나타날 수 있으나 곧 적응하게 된다. 참고로 저당지수 식사요법은 일반적으로 케토시스가 동반되지는 않으나, 환자에 따라서 혹은 식단에 포함된 지방의 종류에 따라서 케토독감 증상이 일시적으로 나타날 수 있다.

- 전해질 불균형: 나트륨, 칼륨, 마그네슘 등의 전해질이 부족해질 수 있으며, 이는 근육 경련, 피로, 심장 부정맥 등의 문제를 유발할 수 있다.
- 탈수: 케톤체 생성 과정에서 수분이 많이 배출되므로 탈수 위험이 있다.

2. 저당지수 식사요법 진행 시 주의할 점

▶ 고지혈증

케톤생성 식사요법과 유사하게 저당지수 식사요법도 기본적으로 고지방식사이다. 따라서 혈중 콜레스테롤과 트리글리세리드 수치가 증가할 위험이 있으나 케톤생성 식사요법에 비해서 상대적으로 덜 심각할 수 있다.

▶ 위장 장애

일부 환자에서 소화 불량, 복부 팽만감, 변비 등의 위장 장애가 나타날 수 있다. 이는 고지방식으로 인해 소화 과정이 느려지거나 불편해지면서 나타나는 현상이다.

▶ 체중 증가

고지방식은 칼로리 밀도가 높아 과잉 섭취시 체중 증가의 위험이 있다. 특히 저당지수 식사요법은 상대적으로 자유로운 식단 구성을 허용하므로 자칫 무분별한 고지방 섭취가 체중 증가로 이어질 수 있다.

▶ 영양 불균형

저당지수 식사요법은 탄수화물의 질을 중요하게 여기지만, 고지방과 고단백 식사로 인해 일부 영양소의 섭취가 부족할 수 있으며, 특히 비타민과 미네랄, 식이섬유의 섭취가 부족해질 수 있다.

- 비타민과 미네랄 부족: 과일, 채소, 통곡물 섭취가 제한되면 필수 비타민과 미네랄, 특히 비타민C, 비타민B군, 칼슘, 철분 등이 부족할 수 있다.
- 식이섬유 부족: 충분한 식이섬유 섭취가 어려울 수 있어 변비와 같은 소화 문제를 유발할 수 있다.

▶ **안전성**

저당지수 식사요법의 장기적인 효과와 안전성에 대한 연구에 대해서는 더 많은 추적 관찰과 연구가 필요하다. 따라서 장기적으로 저당지수 식사요법을 시행할 경우 건강 상태를 주기적으로 점검을 해야 한다.

케톤생성 식사요법과 저당지수 식사요법 모두 고지방식을 포함하므로 고지혈증 및 관련 대사 질환의 위험이 존재한다. 그러나 케톤생성 식사요법은 케톤산증과 같은 부작용의 가능성이 더 크며, 이는 주로 극도로 제한된 탄수화물 섭취와 관련이 있다. 반면 저당지수 식사요법은 보다 유연한 식사 선택을 허용하지만, 영양 불균형과 체중 증가의 위험이 있다. 따라서 식사요법을 선택할 때는 환아의 개별적인 건강 상태와 목표를 고려하여 적절한 선택을 해야 하며, 특히 장기적으로는 전문가의 지도와 모니터링이 필수다. 이를 통해 각 식사요법의 부작용을 최소화하면 최적의 건강 결과를 도출할 수 있다.

3. 저당지수 식사요법의 중지를 고려해야 할 경우

몇 가지 특정 상황에서 저당지수 식사요법을 중단해야 할 경우가 생기기도 한다. 상황을 상세히 설명하면 다음과 같다.

▶ 영양 결핍 발생 시

저당지수 식사요법이 장기적으로 시행되면서 비타민과 미네랄, 특히 비타민C, 비타민B군, 칼슘, 철분 등의 섭취가 부족해질 수 있다. 이러한 결핍은 다음과 같은 문제를 유발한다.

- 면역력 저하: 비타민C와 같은 항산화 비타민의 부족은 면역 체계를 약화시키고, 감염에 대한 저항력을 감소시킬 수 있다.
- 피로와 무기력: 철분 결핍은 빈혈을 유발하며, 이는 피로와 무기력을 초래한다. 비타민B군의 부족 또한 에너지 생성에 필수적인 역할을 하기 때문에 피로를 악화시킬 수 있다.
- 골다공증 위험 증가: 칼슘과 비타민 D의 부족은 뼈 건강에 부정적인 영향을 미치며, 장기적으로 골다공증의 위험을 증가시킬 수 있다.
- 구강 문제: 비타민과 미네랄 결핍은 잇몸 질환과 같은 구강 문제를 유발할 수 있다.

이러한 증상이 나타나거나 검진에서 영양 결핍이 확인될 경우, 즉시 식사요법을 중단하고 영양 상태를 재평가해야 한다. 영양 보충제를 고려하거나, 보다 균형 잡힌 식단의 전환이 필요하다.

▶ 지속적인 소화 문제 발생 시

일부는 저당지수 식사요법을 시행하면서 소화 불량, 복부 팽만감, 변비 등의 소화기 문제가 발생할 수 있다. 이러한 문제는 다음과 같은 원인에 의해 발생할 수 있다.

- 고지방 식단: 고지방 식단은 소화 과정을 느리게 하며, 특히 소화 효소 분비가 적절하지 않은 경우 소화 불량을 유발할 수 있다.
- 식이섬유 부족: 저당지수 식사요법에서 과일과 채소 섭취가 제한될 수 있으며, 이는 식이섬유 섭취 부족으로 이어져 변비를 유발할 수 있다.

이러한 증상이 지속적으로 나타난다면, 이는 저당지수 식사요법이 개인의 소화 시스템에 부정적인 영향을 미치고 있다는 신호일 수 있다. 이 경우, 식단을 조정하거나 중단해야 하며, 필요 시 담당 소아신경과 의료진이나 영양팀과 상담하는 것이 바람직하다.

▶ 고지혈증 및 기타 대사 문제 악화 시

저당지수 식사요법이 고지방식을 포함하는 경우, 일부 환자에서 다음과 같은 대사 문제가 발생할 수 있다.

- 고지혈증: 혈중 콜레스테롤과 트리글리세리드 수치가 증가할 수 있으며, 이는 동맥경화증과 같은 심혈관 질환의 위험을 증가시킬 수 있다.
- 혈당 조절 악화: 당뇨병 환자에서 혈당 조절이 악화될 수 있다. 이는 특히 고지방식이 인슐린 저항성을 증가시키기 때문이다.

만약 혈액 검사 결과에서 이러한 지질 수치가 지속적으로 증가하거나, 당뇨병 환자의 경우 혈당 조절이 악화될 때 저당지수 식사요법을 중단하고 다른 식사요법을 고려해야 하며, 필요시 내분비 전문의와 협진이 필요하다.

▶ 급격한 체중 변화 시

저당지수 식사요법이 고지방과 단백질 섭취를 장려하므로 칼로리 섭취가 과도하게 증가할 수 있다. 이는 다음과 같은 문제를 초래할 수 있다.
- 체중 증가: 체중이 증가할 수 있으며, 이는 비만과 관련된 합병증(예: 고혈압, 당뇨병)의 위험을 증가시킬 수 있다. 특히 고지방식은 칼로리 밀도가 높아 체중 증가 위험이 있다.
- 체중 감소: 반대로 저당지수 식사요법을 통해 칼로리 섭취가 지나치게 줄어들어 체중이 급격하게 감소할 수 있다. 이는 영양 결핍 및 근육 손실로 이어질 수 있다.

이 경우 식사요법을 재평가하고 조정하는 것이 필요하며, 체중 변화가 건강에 미치는 영향을 모니터링해야 한다.

▶ **특정 질환의 악화 시**

저당지수 식사요법이 특정 질환에 대한 증상을 악화시킬 수 있다.
- 신장질환: 고단백 식사요법은 신장에 부담을 줄 수 있으며, 특히 기존에 신장 질환이 있는 환자들에게 위험하다. 고단백식은 신장 결석 및 신부전의 위험을 증가시킬 수 있다.
- 간질환: 고지방 식단은 지방간 및 간 기능 저하를 유발할 수 있으며, 이는 간 질환 환자에게 해로울 수 있다.

이러한 경우, 저당지수 식사요법을 중단하고 환자의 상태에 맞는 다른 식사요법을 찾아야 하며, 의사나 영양사와 협력하여 적절한 영양 관리를 계획해야 한다.

▶ **심리적 및 정서적 문제 발생 시**

저당지수 식사요법을 따르는 것이 심리적으로 부담되거나, 다음과 같은 심리적 문제를 유발할 수 있다.

- 식이장애: 저당지수 식사요법을 엄격하게 따르려는 시도가 자칫 식이장애(예: 폭식증, 거식증)로 이어질 수 있다. 이는 음식에 대한 불안이나 죄책감을 유발할 수 있다.
- 사회적 격리: 특정 식단을 따르는 것이 사회적 활동에 제한을 줄 수 있으며, 이는 사회적 격리와 스트레스로 이어질 수 있다.

이러한 심리적 문제는 환자의 전반적인 정신 건강에 부정적인 영향을 미칠 수 있으니 식사요법을 중단하고 심리 상담을 포함한 치료를 고려해야 한다.

▶ **임신 및 수유 중**

임신과 수유 중에는 태아와 신생아의 건강한 성장과 발달을 위해 균형 잡힌 영양 섭취가 중요하다. 저당지수 식사요법은 다음과 같은 이유로 문제가 될 수 있다.
- 영양 결핍 위험: 저당지수 식사요법이 모든 필수 영양소를 충분히 공급하지 못할 가능성이 있다. 이는 태아의 성장과 발달에 영향을 미칠 수 있다.
- 칼로리 제한: 칼로리 섭취가 부족할 경우, 임산부와 수유부의 체중 감소와 영양 결핍을 초래할 수 있다.

따라서 임신 및 수유 중에는 보다 균형 잡힌 식단으로 전환하고, 전문가와의 상담을 통해 영양 상태를 모니터링하는 것이 필요하다.

저당지수 식사요법은 대체로 건강상의 이점을 제공하지만 특정 상황에서는 부작용이 발생할 수 있다. 이러한 경우 전문가의 지도 아래 저당지수 식사요법을 조정하거나 중단해야 한다. 개인의 건강 상태와 필요에 따라 맞춤형 접근이 필요하며, 정기적인 건강 검진과 영양 상태 평가를 통해 최적의 건강 상태를 유지하는 것이 중요하다.

저당지수 식사요법 시 발생할 수 있는 문제와 대처 방법

1. 위장관장애

    저당지수 식사요법으로 발생할 수 있는 위장관장애는 주로 설사와 구토가 있다. 지방은 장의 수분 흡수 능력을 방해하여 설사를 유발할 수 있으며, 위장에서 느리게 소화되어 오심과 구토를 유발할 수 있다. 시간이 지나 저당지수 식사요법에 적응하면 증상은 상당 부분 호전된다. 그러나 증상이 호전되지 않고 지속적으로 설사와 구토가 발생할 경우 수분 손실(탈수)로 인한 대사성 산중이 유발될 수 있다. 이런 경우 의료진 및 영양팀과 상의하여 저당지수 식사요법의 비율을 조정하거나, 저당지수 식사요법을 일시적으로 중단해야 한다.

2. 대사성 산증

    대사성 산증은 체내 산성 물질의 농도가 비정상적으로 증가하여 혈액의 pH가 낮아지는 상태를 말한다. 심한 위장관장애로 발생되는 탈수는 체내 수분과 전해질의 부족을 초래한다. 탈수로 인해 신장이 충분한 양의 산성 물질을 배설하지 못하면 체내 산성 물질이 축적되어 대사성 산증이 발생한다. 또한 탈수로 인해 나트륨과 칼륨의 균형이 깨지면 체내의 산-염기 균형이 영향을 받아 대사성 산증이 발생할 수 있다. 식욕 부진이 장기간 유지되는 경우 탈수와 대사성 산증이 유발될 수 있기 때문에, 의료진 및 영양팀과 상의하여 일시적으로 저당지수 식사요법의 영양소 비율을 조정하거나, 저당지수 식사요법을 중단해야 한다.

3. 흡인

흡인은 기도나 폐에 이물질, 액체, 또는 음식물이 들어가면서 발생하는 상태이다. 음식물이 기도를 넘어 폐로 들어가면 폐에 염증을 유발할 수 있다. 저당지수 식사요법은 기본적으로 고지방 식사이므로 저당지수 식사요법을 하다가 폐로 지속적으로 흡인이 된다면 지질성 폐렴과 같은 심각한 합병증이 발생할 수 있다. 지질성 폐렴은 지방 물질이 폐포에 축적되어 발생하는 염증성 질환이며, 생명을 위협할 수 있으니 주의해야 한다. 따라서 신경계 질환, 근육장애, 구조적 문제로 인한 연하장애가 있는 환자의 경우 저당지수 식사요법이 시행되기 전 연하 검사가 반드시 필요하다. 연하 검사상에서 흡인이 관찰되거나 삼킴 운동에 제한이 있는 경우에는, 저방지수 식사요법의 무리한 시행은 결코 바람직하지 않으며, 위루관과 같은 특별한 방법을 고려해야 한다.

4. 고요산혈증으로 인한 신장 결석

단백질이 대사되는 과정에서 요산이 생성된다. 요산은 일반적으로 신장을 통해 체내에서 배출되나, 수분 섭취가 적은 경우 등 다양한 신장 기능 문제로 요산이 체내에 축적될 때 고요산혈증이 유발될 수 있고 높은 요산 농도는 신장 결석을 형성할 수 있다. 환아가 소변을 볼 때마다 고통을 호소하거나 소변에 흰 가루 또는 혈뇨가 나오면, 고요산혈증으로 인한 신장 결석을 의심하고 적절한 조치를 취해야 한다.

저당지수 식사요법 심리사회적 지원 가이드

저당지수 식사요법 시작 전 점검하기

1. 저당지수 식사요법 올바로 이해하기

저당지수 식사요법은 올바른 이해를 바탕으로 시작해야 한다. 저당지수 식사요법을 시작하기에 앞서 개념, 원리, 효과, 부작용 등 이론 편에서 설명하고 있는 내용에 대한 정확하고 충분한 이해가 선행되어야 한다. 저당지수 식사요법을 올바로 이해하지 못하면, 성공하기 어렵겠다는 막연한 생각에 불안감, 거부감에 사로잡혀 결국 회피하기 쉽다. 또한 성공할 자신이 없거나 실패에 대한 두려움이 커지면, 소위 자기효능감(self-efficacy)이 저하되어 자칫 시작도 하지 못하거나, 시작한 지 얼마 지나지 않아 포기할 가능성이 높아진다. 저당지수 식사요법에 대한 올바른 이해를 바탕으로 차근차근 준비하고 올바른 방법으로 시작한다면, 꾸준히 실천해 나갈 수 있을 것이다.

저당지수 식사요법에 대한 올바른 이해는 저당지수 식사요법의 주인공인 소아청소년 환아에게 반드시 필요한 부분이다. 선입견이나 편견 없는 올바른 이해는 본격적인 식사조절을 시작하는 환아에게 실천 동기, 자발성, 적극성 측면에서 크게 도움이 된다. 특히 소아의 경우 "그냥 단것을 못 먹게 하는 것이 아니라, 좋은 지방을 늘려서 몸을 건강하게 해주는 과정인 거야."와 같이 아이가 잘 이해할 수 있도록 아이의 눈높이에서 이야기해주는 것이 중요하다. 이러한 과정이 저당지수 식사요법을 실천하기 전 가장 먼저 이루어져야 할 부분이다.

저당지수 식사요법에 대한 이해는 가족들에게도 필수적인 부분이다. 부모를 비롯한 가족들이 저당지수 식사요법을 올바르게 이해하고 있어야 환아를 위한 식사 준비는 물론 심리적 지지를 비롯하여 소아청소년 환아에게 필요한 실제적인 도움을 제공할 수 있기 때문이다. 소아청소년 환아가 저당지수 식사요법을 올바로 이해하도록 돕는 것이 가족에게 최우선으로 요구되는 역할이다. 가족이 먼저 올바른 이해를 하고 있을 때 이러한 역할을 제대로 수행할 수 있게 된다.

2. 가족과 함께하기

가족은 '식구'라는 이름으로 끼니를 함께하는 사람들이다. 따라서 저당지수 식사요법은 사실상 가족과 무관하게 이루어질 수 없다. 저당지수 식사요법은 소아청소년 환아는 물론 가족 모두가 함께하는 것이어야 한다.

저당지수 식사요법이 도움이 된다고 밝혀진 질환들은 주로 난치성 혹은 만성질환으로서 치료 과정이 장기화되는 경우가 많다. 상태가 악화되거나 특이 합병증이 있는 경우를 제외하고는 대부분 가정에서 통원 치료로 진행된다. 저당지수 식사요법은 가정을 기반으로 한 장기적인 치료 과정의 일부라고 할 수 있다. 따라서 가족들에게는 식사의 준비에서부터 함께 식사하기 등 저당지수 식사요법의 전 과정을 함께하면서 환아가 잘 수행할 수 있도록 안내하고 돕는 역할이 요구된다.

저당지수 식사요법을 시행하는 과정에서 환아뿐만 아니라 가족 구성원들이 심리 및 정신건강 측면에서 영향을 받을 수 있다는 다수의 연구 결과가 있다. 자녀 양육과 가사일로 인해 기본적으로 발생되는 신체적, 정신적 부담 외에 저당지수 식사요법을 시행하는데 필요한 다양한 요구 사항들로 인해 가족들의 부담이 가중될 수 있다. 이 과정에서 가족들은 스트레스나 부정적 정서를 경험하기도 하는데, 이것을 제때 제대로 해소하지 않으면 환아에게 전이되어 부정적인 영향을 미칠 수 있고, 환아의 건강 회복에 부정적인 결과를 초래하기도 한다.

이처럼 저당지수 식사요법을 통해 환아의 증상 조절 및 건강 회복이라는 목표를 달성하기 위해서는 환아는 물론 함께하는 가족의 역할이 매우 중요하다. 이는 환아 가족의 신체적, 정신적 건강이 뒷받침될 때 가능하다. 환아를 포함한 우리 가족의 건강, 특히 마음 건강을 잘 살피고, 챙기고, 돌보아야 할 필요가 있다.

3. 마음 점검하기

저당지수 식사요법을 시작한 후에 발생할 수 있는 어려움들에 대해 미리 살펴보고 대비한다면, 장기적으로 시행할 저당지수 식사요법을 실천하는 데 도움이 될 것이다.

대표적인 어려움을 꼽자면, 식사 준비 과정의 어려움에서 오는 스트레스, 다른 음식에 대한 욕구에서 오는 불만족, 제한된 식사를 하느라 다른 사람들과의 식사에서 느낄 수 있는 소외감 또는 사회적 고립감 등이 해당된다. 이러한 점들을 미리 알아 두고 대비하는 것이 필요하다.

나에게만, 우리 가족에게만 일어나는 일이 아님을 인지하고 대처하는 데에 집중하는 것이 중요하다. 자기 자신과 가족들의 마음을 알아차리고, 받아들이고, 다스리고, 나누는 등 바람직한 방법들을 적용한다면 얼마든지 대처할 수 있다.

우선 저당지수 식사요법을 시작하려는 지금 실천할 준비가 되어 있는지, 만약 실천의 한가운데에 있다면 지금 나의 마음은 어떠한지 점검해본다.

<나의 이야기>

- 저당지수 식사요법을 시작하면서 고민 혹은 염려되는 부분이 있는지, 있다면 어떤 점인지 스스로에게 질문을 던져봅니다. 그리고 차분히 생각해 봅니다.
- 저당지수 식사요법은 일회성으로 끝나는 것이 아니라 꾸준하게 챙기면서 이어가야 합니다. 앞의 저당지수 식사요법 이론 편을 읽어 본 느낌은 어떤가요? 저당지수 식사요법을 이어갈 수 있도록 스스로 격려하는 한 문장을 만들어 봅니다.

_____

_____

_____

_____

이제 작성하면서 떠오른 감정들을 돌아보고, 다시금 준비 자세를 다져본다. 이때 저당지수 식사요법의 이점, 실천하고자 하는 이유에 대해서도 생각해본다.

Tip
저당지수 식사요법의 이점

- 환아의 건강을 회복할 수 있도록 하며, 동시에 증상이나 질환의 악화를 예방할 수 있다.
- 가족 전체의 식습관 중 부정적인 요소를 발견, 제거할 수 있어 가족 전체 건강에 긍정적인 영향을 미친다.
- 가족이 치료 과정에서 함께 협력하고 참여할 수 있는 기회가 되며, 치료 과정에서 주도성, 적극성을 갖게 된다.
- 환아는 자신의 건강을 지키는 것에 책임감을 가지고 자발적, 주체적으로 건강 및 식습관 관리를 하게 된다.
- 저당지수 식사요법은 가족 구성원 모두가 '한 배를 타고 함께 나아가는' 과정이다. 어려움을 함께 나누면서 바람직한 방법들을 도모하는 동안 소통이 증가되고 가족 관계를 돈독하게 한다.

저당지수 식사요법 마음 관리하기

1. 아이 마음 살피기 "저당지수 식사요법, 어려운 게 아니야!"

저당지수 식사요법의 실천에 있어서 최우선시 되어야 할 것 중 하나로 '아이 마음 살피기'를 들 수 있다. 환아 마음이 간과된 채 저당지수 식사요법이 이루어지기란 어렵기 때문이다.

아동을 대상으로 저당지수 식사요법을 시행할 때, 시작 단계에서부터 저당식 섭취에 거부 반응을 보이는 경우가 일부 있었다는 연구 결과가 이를 뒷받침해준다. 저당지수 식사요법을 시작한 환아들의 삶의 질에 대한 한 연구에서는 "다른 음식을 다 먹는 게 그리워요.", "감자튀김이 그리워요.", "먹는 것을 너무 조심해야 해요."와 같은 답변도 확인되었다.

단순히 저당지수 식사요법을 시작하는 것이 다가 아니다. 우선 아이의 마음을 이해하고 공감하는 것이 선행되어야 한다. 그리고 장기간 함께 지속해 갈 수 있도록 '아이와의 눈맞춤'이 필요하다.

▶ **어떻게 이야기해야 할까?**

> **< 아이와 대화하기 >**
>
> 아래의 주제들에 대해 아이와 대화해 봅니다. 이때 핵심은, '편안한 분위기'에서 아이가 생각하는 것을 '자유롭게' 이야기할 수 있도록 하는 것입니다.
>
> 아이가 저당지수 식사요법에 대해 충분히 생각해 보도록 하고, 아이가 생각한 것을 말로 표현할 수 있도록 질문한 뒤 충분히 기다려주며 경청합니다.
>
> 아이가 궁금해 하는 것, 이해하기 어려워 하는 것, 고민하는 것, 노력하는 것에 대해 있는 그대로 인정, 수용, 공감, 칭찬해주는 과정을 통해 아이가 '남이 떠밀어서'가 아니라, '주체적으로' 저당지수 식사요법에 참여하고 있다고 느낄 수 있도록 돕습니다.
>
> **대화 주제**
> ▶ 저당지수 식사요법이 뭘까?
> ▶ 저당지수 식사요법을 하면서 걱정되는 점이 있니?
> ▶ 저당지수 식사요법이 어떤 점에서 도움이 될 수 있을 것 같아?

위와 같이 저당지수 식사요법을 시작하는 시점에 아이가 저당지수 식사요법을 잘 이해할 수 있도록 대화한다. 건강을 위해 필요하다는 단순한 설명보다는 구체적으로 어떤 이유에서 좋은 것이며, 앞으로 어떤 방식으로 이루어질 것인지 등 충분한 설명과 소통을 통해 아이가 저당지수 식사요법의 필요성을 충분히 받아들인 상태로 임할 수 있도록 하는 것이 중요하다.

▶ 추가로 생각해 볼 부분들

<다른 음식이 먹고 싶어지면 어떻게 할까?>

→ **저당지수 식사요법으로도 맛있는 음식들을 먹을 수 있음을 이해하기**
　최근 다양한 연구를 통해 저당지수 식사요법을 맛있게 실천할 수 있는 레시피들이 개발되고 있음을 설명해 줍니다. 본 책의 목차를 펼쳐 놓고 맛있어 보이는 음식을 함께 골라보고, 식단 계획을 세워보는 활동이 도움이 될 수 있습니다.

→ **그럼에도 불구하고 먹고 싶은 음식이 생기면 대처할 수 있는 방법 찾아보기**
　식욕이 생겼을 때 대처할 수 있는 방법들을 떠오르는 대로 이야기해 보는 브레인스토밍 방식으로 자유롭게 나누어 봅니다. 이를 아래와 같이 마인드맵 형태로 그려 보면서 대처 방안을 찾아봅니다.

마인드맵 작성하기

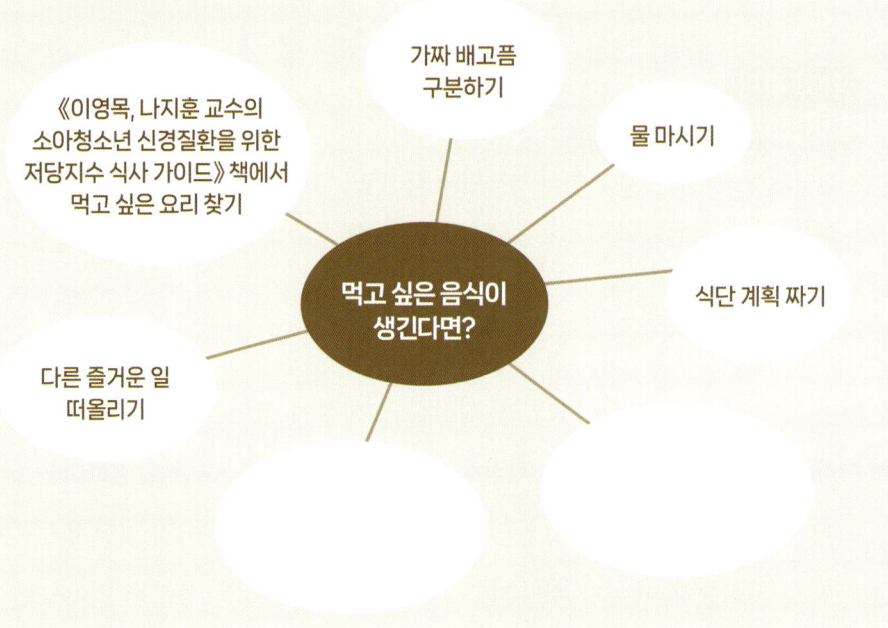

<다른 사람들과의 식사 자리에서 어떻게 설명할까?>

→ 저당지수 식사요법을 하는 이유에 대해 설명하기
- 목적이 무엇이든, 저당지수 식사요법을 하는 것을 숨기거나 부끄러워할 이유는 없습니다. 질병 또는 저당지수 식사요법을 하는 것을 주변에 알림으로써 저당지수 식사요법과 무관한 음식을 권유 받는 등 해로운 상황을 예방하고 보호받을 수 있습니다.
- 그러나 질병 상태를 알리는 것에 대해서는 다양한 상황을 고려해야 합니다. 이는 지극히 개인적인 부분이기에 아이 혹은 가족이 알리는 것을 원하는지, 알릴 마음의 준비가 되어 있는지, 공유하고자 하는 상대나 집단과 얼마나 친밀한지, 공유했을 때 잘 이해해 줄 수 있을지 등 면밀한 파악 및 고려가 우선되어야 합니다.

저당지수 식사요법을 시작했을 때 일어날 수 있는 어려움들에 대해 아이와 함께 고민해 보고 자유롭게 이야기 나눌 수 있는 가족 분위기를 조성하는 것이 중요하다. 아이와의 대화를 통해 자연스럽게 저당지수 식사요법의 장점을 일깨워주고, 아이로 하여금 저당지수 식사요법에 대해 불안해 하거나 부담을 느끼지 않도록 안심시키고 격려할 수 있다. 더불어 아이가 가족들에게 바라는 것이 무엇인지, 가족들이 어떻게 아이를 도울 것인지에 대해서도 이야기 나눌 수 있다.

2. 가족 마음 돌보기 "함께한다는 것"

저당지수 식사요법이 주로 가정 내에서 이루어지는 만큼 이 과정을 함께하는 가족의 마음을 다루는 것 역시 중요하다. 저당지수 식사요법은 일회성 혹은 단기간 시행 후 종료하는 것이 아니라 꾸준히 지속해야 하므로, 저당지수 식사요법을 시작하기에 앞서 가족이 경험할 수 있는 어려움을 미리 알아보고 대비하거나 조기에 발견하여 심화되지 않도록 대비하는 과정은 큰 도움이 된다.

▶ **저당지수 식사요법의 긍정적인 부분 나누기**

< 가족과 대화하기 >

앞서 아이와 함께 이야기했던 것과 마찬가지로 이번에는 가족들이 함께 모여 아래의 주제들에 대해 편안한 분위기에서 대화해 봅니다. 이때 핵심은 저당지수 식사요법은 가족 모두가 '함께' 결정하고 참여하는 과정임을 이해하는 것입니다.

대화 주제

▶ 저당지수 식사요법을 함께하기 위해 우리가 어떤 것들을 할 수 있을까?
  예) 함께 식사 준비하기, 가족 식단 토의하기
▶ 가족 모두 저당지수 식사요법을 한다면 어떤 점이 좋을까?

위와 같은 과정을 통해 가족 간 원활한 소통이 이루어질 경우, 가족 구성원들의 삶의 질에 긍정적인 영향을 미치게 된다는 연구 결과가 있다. 저당지수 식사요법의 긍정적인 부분을 함께 나누고 올바로 인식하는 과정을 통해 저당지수 식사요법에 관련된 가족 간 갈등을 예방하고 해결할 수 있으며, 서로 협력할 수 있게 된다. 가족 간 소통의 필요성에 대하여 진지하게 고민하고, 적극적으로 시도해 볼 필요가 있다.

▸ **가족 구성원이 저당지수 식사요법에 참여하지 않을 경우**

<'나 전달법'으로 소통하기>

→ 자신의 생각과 감정을 솔직하게 전달하고 소통하기

가족 구성원 모두가 참여할 수 있다면 좋겠지만, 참여를 원하지 않거나 참여하기 어려운 경우에는 가족 간 의사소통을 통해 적절한 절충 방법을 찾아 볼 수 있습니다. 참여를 원하지 않는 구성원이 이해를 바라는 부분은 무엇인지, 참여하는 구성원이 협조를 바라는 부분은 무엇인지 각 입장에 대해 건강한 방식으로 조율하는 과정이 필요합니다. 이때 '너 전달법'이 아닌 나를 주어로 하는 '나 전달법'으로 소통합니다.

예) 상대방의 이야기나 행동으로 기분이 상한 상황	
너 전달법 (YOU-message)	나 전달법 (I-message)
"너는 왜 그런 식으로 말하는 거야?" "너는 왜 협조를 안해?"	"나는 그런 이야기를 들으니 마음이 좋지 않아. 이 부분에 대해 더 이야기를 나눠보면 좋을 것 같아." "내가 지금 아이를 위해 저당지수 식사를 준비 중인데, 준비 시간이 좀 오래 걸리네? 상 차리는 걸 도와줄 수 있을까?"

▸ **저당지수 식사요법 스트레스 다루기**

저당지수 식사요법의 메뉴를 정하는 것, 요리를 하고 그 와중에 영양성분까지 챙기는 것은 쉬운 일이 아니다. 이 과정에서 발생하는 스트레스를 적절하게 다루는 것은 지치지 않고 장기간 저당지수 식사요법을 지속하는 데에 큰 도움이 된다.

Tip ❶
마음 챙김 명상

스트레스를 받는 상황과 사건에 대해 어떠한 판단 없이, '재인지' 과정을 통해 해당 상황을 객관적이고 명확하게 인식해 보며 적응할 수 있는 대처 기술을 찾아봅니다.

1. **장소 정하기**: 방해받지 않을 수 있는 나만의 공간을 찾는다.
2. **편안함 느끼기**: 편안함을 느낄 수 있도록 온도, 습도, 자세 등을 조절한다.
3. **마음가짐 정하기**: 감정의 변화를 느끼고, 진정되도록 하며 마음에 집중한다.
4. **심호흡하기**: 숨을 들이쉬고 내쉬는 과정에 초점을 두고 신체 감각에 집중한다.
5. **감정 다루기에 집중하기**: 부정적인 생각도 조절해서 내보낼 수 있다는 사실에 집중한다.
6. **현재에 집중하기**: 지금의 호흡, 지금의 몸에 집중한다.

Tip ❷
자기 위안

여러 감각을 활용하여 나를 진정시킬 수 있는 방법을 찾아서 작성하고 실천해 봅니다.

- **시각** 예) 바다 바라보기(물멍), 일몰 바라보기, 전시회 가기.
  _____

- **청각** 예) 빗소리 듣기, 좋아하는 음악 듣기.
  _____

- **후각** 예) 커피 냄새 맡기, 향수 뿌리기.
  _____

- **촉각** 예) 가까운 사람과 안기, 따뜻한 물에 족욕하기.
  _____

▶ **저당지수 식사요법 자원 활용하기**

저당지수 식사요법과 그 효과성에 대한 연구가 증가되고 있고, 결과 또한 알려지고 있는 추세이나 이에 대한 정보가 충분히 활성화되어 있지는 않다. 병원이나 각 기관에서 의료, 간호, 영양 등 다양한 교육을 통해 관련 정보를 제공하고 있으니 정보를 공유할 수 있는 자원들을 알아 두고 활용한다면, 실천에 도움이 될 것이다.

1. 정보 활용하기

- **뇌전증지원센터**: ☎ 1670-5775, 카카오톡 <뇌전증지원센터>
  - 지원 내용: 자조모임, 발작 알림 장치 지원, 뇌전증 도우미견 지원, 환자 가족 정서 지원 등
- **한국뇌전증협회**: ☎ 02-394-2320
  - 지원 내용: 보호자 정서 지원, 부모 교육, 기타 경제적 지원 등
- **대한뇌전증학회**: 공식 홈페이지 www.kes.or.kr
  - 지원 내용: 뇌전증 관련 질환 정보, 안내서 및 온라인 교육 등

2. 커뮤니티 활용하기

- **퍼플뷰티스**: 네이버 카페 cafe.naver.com/purplebeauties

Purple(보라색: 뇌전증, 두통 등 뇌질환을 상징하는 색) Beauties(아름다운 사람들)

신경질환으로 고통받고 있는, 우리들의 아름다운 아이들을 위한 공간이라는 의미

퍼플뷰티스는 연세의대 강남세브란스병원 소아청소년과 신경분과 나지훈 교수가 운영하는 카페로, 다양한 뇌신경질환을 앓고 있는 환아들과 그 가족들의 공간입니다.

소아신경 관련 소식, 의료 정책, 진료 지원과 관련된 내용 등 다양한 정보 및 올바른 지식을 치료진으로부터 공유받기도 하고, 자유게시판 등을 통해 회원들간 다양한 정보와 의견을 나눌 수 있습니다.

Part 3

저당지수 식사요법
실천 가이드

저당지수 식사요법 준비하기

1. 저당지수 식사 준비하기

① 저당지수 식사 어떻게 구성할까?

저당지수 식사요법은 난치성 뇌전증 치료를 위한 케톤생성 식사요법의 대안으로 개발되었다. 하루에 필요한 에너지를 얻기 위해 필요한 비율은 다음과 같다. 탄수화물은 전체 에너지의 약 10~15%, 단백질은 20~30%, 지방은 60~70%에 맞추어서 구성한다.

탄수화물을 선택할 때는 당지수가 낮은 식재료로 식사를 구성하고, 식사에서 총 탄수화물의 섭취량은 하루 40~60g 정도로 제한하며 당지수를 낮추기 위해 지방과 단백질을 함께 섭취하는 것이 좋다.

② 당지수(Glycemic Index: GI)란?

당지수는 탄수화물의 흡수 속도를 나타낸 지표로 특정 식품을 섭취할 경우 혈당을 얼마나 증가시키는지를 기준 식품과 비교하여 객관적으로 표시한 지수를 말한다. 포도당 50g을 먹었을 때 혈당이 상승한 면적을 기준(100)으로 하여, 각 음식에 들어있는 탄수화물을 동일하게 섭취했을 때의 혈당 반응을 면적으로 비교한 값이다. 당지수가 높은 음식을 먹으면 빠른 시간 안에 탄수화물이 분해되어 혈당이 빠르게 상승하고 당지수가 낮은 음식을 먹으면 혈당이 천천히 올라가게 된다. 당지수는 탄수화물의 양을 기초로 하지만 식품의 익은 정도, 저장 기간, 가공 및 조리 방법, 함께 먹는 음식에 따라 영향을 받을 수 있다. 일반적으로 당지수가 55 이하인 식품이 저당지수 식품을 의미하여 일부 곡류, 어육류, 채소류, 우유 및 유제품, 유지류 및 견과류, 일부 과일류가 이에 해당한다.

그러나 각 식품마다 1회 섭취량에 함유된 탄수화물의 양이 다르므로 일괄적으로 탄수화물 50g을 섭취한 것만으로 적용하기는 어렵다. 이러한 문제를 보완하기 위해 만든 것이 당부하지수(Glycemic Load, GL)이다. 당부하지수는 당지수에 1회 섭취량의 영향을 반영한 것으로 다음과 같이 계산한다.

당부하지수 = 당지수 x 1회 섭취분량에 함유된 탄수화물 양/100

당부하지수가 10 이하이면 저당부하지수, 20 이상이면 고당부하지수에 속한다. 따라서 식품 선택 시 총 탄수화물의 양과 함께 당지수, 당부하지수를 참고하여 선택하도록 한다.

[식품별 당지수와 당부하지수]

식품	당지수(GI)	1회 섭취분량(g)	탄수화물(g)	당부하지수(GL)
	GI 높음: 70 이상			
찹쌀밥	98	150	32	31
바게트(밀가루)	95	30	15	14
콘플레이크	92	30	26	24
떡	91	25	21	19
흰쌀밥	86	150	43	37
구운 감자	83	150	30	25
으깬 감자	83	150	20	17
구운 고구마	82	150	45	37
게토레이	78	250	15	12
웨하스	77	25	18	14
와플	76	35	13	10
흰쌀	76	150	46	35
튀긴 고구마	76	150	45	34
도넛	75	50	20	15
튀긴 감자	75	150	29	22
바게트(통곡물)	73	30	13	9
현미밥	72	150	40	29
식빵	72	30	15	11
콘칩	72	50	25	18
수박	72	120	6	4
크래커	70	25	17	12

GI 보통: 56~69				
식품	당지수(GI)	1회 섭취분량(g)	탄수화물(g)	당부하지수(GL)
환타	68	250	34	23
파인애플	66	120	10	6
건포도	66	60	43	28
삶은 감자	66	150	19	13
현미	66	150	33	22
파워에이드	65	250	20	13
콜라	63	250	26	16
밀	63	50	38	24
바나나	62	120	25	16
팝콘	62	20	10	6
우동	62	180	48	30
포테이토칩	60	50	20	12
옥수수	60	150	33	20
오트밀	59	30	19	11
아이스크림	57	50	10	6

GI 낮음: 55 이하				
식품	당지수(GI)	1회 섭취분량(g)	탄수화물(g)	당부하지수(GL)
감자	54	150	21	11
통밀식빵(100%)	51	30	13	7

스파게티	50	180	48	24
초콜릿	49	50	30	14
포도	49	120	19	9
고구마	48	150	34	16
현미	48	150	42	20
사과주스(무설탕)	44	250	30	13
오렌지	40	120	11	4
우유	34	250	12	4
요거트	36	200	9	3
사과	34	120	16	5
말린 사과	29	60	36	11
강낭콩	23	150	25	6
당근	16	80	8	1
땅콩	13	150	21	3

③ **식품교환표와 식품군 알아보기**

　식품교환표는 우리가 섭취하는 식품을 영양소 조성이 비슷한 식품군끼리 여섯 개로 분류한 것이다. 여섯 가지 식품군은 주로 함유된 영양소에 따라 곡류군, 어육류군, 채소군, 지방군, 우유군, 과일군으로 분류한다. 저당지수 식사요법을 잘 실천하기 위해서는 식품군마다 설정한 기준 영양성분과 특징을 잘 알고 있어야 한다.

　동일한 식품군 내에서는 각 식품군의 영양소 함량을 근거로 정한 것을 1교환단위라고 하며 각 식품군 내에서는 같은 교환 단위량끼리 서로 바꾸어 섭취할 수 있다.

예를 들어 밥 70g(1/3공기), 삶은 국수 90g(1/2공기), 식빵 35g(1쪽)은 곡류군 1교환 단위에 해당하며, 밥 70g 대신 빵으로 먹을 경우 식빵 1쪽으로 바꾸어 섭취할 수 있다는 의미이다.

모든 식품군의 1교환 단위의 중량은 껍질, 씨 등을 제외한 실제 먹을 수 있는 부분을 말한다. 각 식품군별 기준 영양소 및 1교환 단위의 예는 다음과 같다.

[식품군별 기준 영양소 및 1교환단위의 예]

		에너지 (kcal)	탄수화물 (g)	단백질 (g)	지방 (g)	1교환 단위 식품의 종류와 중량
곡류군		100	23	2		밥 70g(1/3공기), 죽 140g(2/3공기), 삶은 국수 90g, 감자 140g(1개), 고구마 70g(1/2개), 떡 50g, 식빵 35g(1쪽)
어육류군	저지방	50	-	8	2	살코기 40g(탁구공 크기) 가자미/동태/삼치/조기 50g(소 1토막)
	중지방	75	-	8	5	쇠고기(등심) 40g(탁구공 크기) 갈치/고등어/꽁치 50g(소 1토막)
	고지방	100	-	8	8	삼겹살 40g, 생선 통조림 50g, 치즈 30g(1.5장), 프랑크 소시지 40g
채소군		20	3	2	-	푸른잎 채소 70g(익혀서 1/3컵), 애호박/오이/콩나물/무 70g, 도라지 40g, 버섯 50g, 김 2g(1장), 배추김치 50g
지방군		45	-	-	5	견과류(땅콩/아몬드/잣/호두) 8g, 버터 5g, 마요네즈 8g, 드레싱 15g, 식물성 기름 5g(1작은술)
우유군	저지방 우유군	80	10	6	2	저지방 우유 200㎖(1컵) 떠먹는 요구르트 100㎖(1/2컵)
	일반 우유군	125	10	6	7	두유 200㎖(1컵), 우유 200㎖(1컵), 전지분유 25g(1/4컵)
과일군		50	12	-	-	단감/바나나/포도 80g, 귤/배/참외 100g, 딸기/수박 150g, 방울토마토 200g, 토마토 250g

출처 당뇨병 식사 계획을 위한 식품교환표 활용 지침, 대한당뇨병학회, 2024

각 식품군의 특징 및 식품 선택 시 고려 사항은 다음과 같다.

식품군	특징
곡류군	• 주로 탄수화물을 함유하고 있는 식품군으로 곡류군에 함유된 탄수화물은 단순 탄수화물과 복합 탄수화물로 나눌 수 있다. 화학적 구조가 단순한 단순 탄수화물은 혈당을 급격히 올리고 화학적 구조가 비교적 복잡한 복합 탄수화물은 혈당을 천천히 올린다. • 단순 탄수화물(쌀밥, 흰빵, 국수 등)보다는 당지수가 낮은 복합탄수화물(잡곡빵, 곡물빵 등)을 선택하도록 한다.
어육류군	• 단백질의 주요 급원식품으로 지방의 함유 정도에 따라 저지방, 중지방, 고지방 어육류군으로 나눈다. • 당지수가 낮은 식품군으로 식품 선택에 제한은 없다.
채소군	• 비타민과 무기질의 함량이 높은 식품군으로 식이섬유가 풍부하다.
지방군	• 지방을 주로 함유한 식품군으로 식물성 기름, 견과류, 버터, 마가린 등이 해당된다. • 저당지수 식사요법은 지방 섭취 비율이 높으므로 조리 시 불포화지방산이 많이 함유된 식물성 기름을 충분히 섭취한다. • 간식으로 잣, 호두, 땅콩 등을 선택한다.
우유군	• 탄수화물, 단백질, 지방이 골고루 함유된 식품군으로 우유, 두유, 요구르트 등이 해당된다. • 가당 제품(딸기, 초코, 바나나 우유 등)은 탄수화물이 많이 함유되어 있으므로 피한다.
과일군	• 탄수화물과 식이섬유가 많이 함유된 식품군으로 탄수화물은 단순 탄수화물인 과당과 포도당 성분이다. • 당지수가 낮은 과일로 소량 섭취한다.

가능한 다양한 식품을 섭취하되 곡류군, 과일군은 탄수화물이 주요 영양성분이므로 식품 선택 시 당지수가 낮은 식품으로 선택하고 그 외의 식품군은 저당지수 식사요법의 탄수화물, 단백질, 지방의 적정 비율 범위 내에서 골고루 선택한다.

④ 영양성분표 활용하기

제조, 가공, 소분된 식품을 구매할 때는 영양에 대한 정보를 확인해야 한다. 영양표시에는 영양성분 9종(에너지, 나트륨, 탄수화물, 당류, 지방, 트랜스지방, 포화지방, 콜레스테롤, 단백질)에 대한 정보를 제공하고 있으므로 영양성분표를 활용할 때는 제시된 영양정보의 기준 분량을 먼저 확인한다. 기준 분량이 총 내용량이 아닌 경우 섭취량을 잘 확인하고 영양정보를 이해해야 한다. 특히 저당지수식사에서는 탄수화물 함량을 잘 확인해야 한다. 탄수화물 함량은 식품에 포함된 당류, 전분, 식이섬유의 총량을 말한다. 이중 당류는 곡류, 채소, 우유, 과일군 등 식품에 자연적으로 함유되어 있는 당, 그리고 가공 시 인공적으로 첨가한 당을 모두 포함한다. 탄수화물은 당류를 포함하고 있는 개념으로 탄수화물 함량을 계산할 때 당류의 함량을 추가적으로 더하지 않도록 하며, 가공식품 선택 시 당류 함량이 낮은 음식을 선택하고 탄수화물 외 단백질, 지방 함량도 계산하여 식사를 계획할 때 참고한다.

탄수화물 = 당류 + 전분 + 식이섬유
　　　　　└ 식품 속에 존재하는 당 + 가공시 첨가되는 당(첨가당)

영양정보 총 내용량 384g (32g×12봉)
① 1봉(32g)당 ② 170kcal

1봉당	1일 영양성분 기준치에 대한 비율
나트륨 70mg	4%
③ 탄수화물 15g	5%
당류 8g	8%
지방 11g	20%
트랜스지방 0.5g미만	
포화지방 7g	47%
콜레스테롤 15mg	5%
단백질 2.2g	4%

④ 1일 영양성분 기준치에 대한 비율(%)은 2,000kcal 기준이므로 개인의 필요 열량에 따라 다를 수 있습니다.

① 1봉당 영양정보가 제시되어 있으며 총 12봉임.
② 1봉지를 먹으면 170kcal의 에너지를 섭취함.
③ 1봉지당 탄수화물이 15g이며, 탄수화물 15g은 당류 8g을 포함한 값임.
④ 1일 영양성분 기준치에 대한 비율은 하루 2000kcal 기준 일반적인 1일 영양성분 기준에 어느 정도 기여하는지를 보여 주는 것이므로 저당지수 식사요법 시에는 비율(%)보다는 중량(g)를 확인하여 계획함

참고로 탄수화물, 당류는 영양성분 의무 표시 대상이나 전분, 식이섬유는 의무 표시 대상이 아니다.

2. 저당지수 식사 계획하기

① 하루 필요 에너지 구하기

하루에 필요한 에너지는 평소 식사량을 기본으로 하여 연령, 키, 체중, 성장 상태, 활동량 등을 고려하여 개별적으로 산정한다. 정확한 하루 필요 에너지 산정은 의료진 및 병원의 영양사와 상의하도록 한다. 연령에 따른 일반적인 에너지 필요량은 다음과 같다.

[연령별 에너지 필요량]

연령	에너지 필요량
1세 미만	75~80kcal/kg
1~3세	70~75kcal/kg
4~6세	65~68kcal/kg
7~10세	55~60kcal/kg
10세 이상	30~40kcal/kg

출처 임상영양관리지침서(제 4판), 대한영양사협회

② 저당지수 식사 영양소 구성하기

하루 필요 에너지를 구한 뒤 에너지별 식품군 교환단위수를 끼니별로 배분하여 식사를 구성한다. 다음 예시는 저당지수 식사의 식품군별 교환단위수 배분표이며 배분된 예시 외 개인별 식사 패턴에 따라 끼니별 단위 수를 다르게 구성할 수도 있다.

[하루 필요 에너지에 따른 식품군 교환단위수 예시 A (우유군을 제외한 경우)]

에너지(kcal)	곡류군	어육류군	채소군	지방군	우유군	과일군	케토니아
800	0.8	4.5	1	3			1
900	1	5	2	4			1
1000	1	5.5	3	5			1
1100	1	6	3	6			1
1200	1	7	3	7			1
1300	1	8	3	7			1
1400	1.5	9	3	7			1
1500	1.5	9	3	9			1
1600	2	9	3	10			1
1700	2	10	3	10			1
1800	2	11	3	11			1
1900	2	12	3	12			1
2000	2.5	12.5	3	12			1

[하루 필요 에너지에 따른 식품군 교환단위수 예시 B (우유군을 포함한 경우)]

에너지(kcal)	곡류군	어육류군	채소군	지방군	우유군	과일군	케토니아
800	1	5	1	3			1
900	1	5	2	4			1
1000	1	5	3	5			1
1100	1	6	3	6			1
1200	1	7	3	6			1
1300	1	8	3	7			1
1400	1	8	3	7	1		1
1500	1	8	3	9	1		1

1600	1	9	3	9	1	1
1700	1.5	10	3	9	1	1
1800	1.5	11	3	9	1	1
1900	2	12	3	9	1	1
2000	2	13	3	9	1	1

[참고] 케토니아는 케톤식을 하는 환아를 위해 개발된 영양조제식품으로 일반 우유와 칼슘 함량은 비슷하면서 탄수화물 함량이 낮고 지방 함량은 높아 저당지수 식사요법시 추천하는 음료이다. 케토니아 섭취가 힘들다면 일반 우유, 탄수화물 함량이 적은 저당 두유에 MCT(Medium Chain Triglycerides, 중쇄지방산) 오일을 섞어 섭취하도록 한다.

③ 에너지별 식품 단위 수 활용하여 식단 구성하기

1단계 > 하루 필요 에너지 확인하기
2단계 > 식사 패턴에 따라 식품군 교환단위수 배분하기

하루 필요 에너지를 확인했다면 식품군별로 각각 몇 교환단위를 섭취해야 하는지를 정해야 한다. 다음은 하루 1500kcal 식품 교환 단위수 배분표 예시이며 식품교환단위 예시 'A'를 기본으로 하여 개인의 식사 패턴에 따라 식품교환단위 수 조정이 가능하다.

[하루 1500kcal 식품교환단위 수 예시]

A. 기본(우유군 없이 케토니아만 포함하는 경우)						
곡류군	어육류군	채소군	지방군	우유군	과일군	케토니아
1.5	9	3	9			1

예시 A에서 우유군 1단위를 식단에 추가하고 싶다면 식품군별 영양소 함량을 비교하여 조정할 수 있다(P.68 식품군별 기준 영양소 및 1교환단위의 예). 우유군 1단위에는 탄수

화물 10g, 단백질 6g, 지방 7g이 포함되어 있으므로 예시 B처럼 곡류군 0.5단위, 어육류군 1단위를 줄여 조정한다.

B. 우유군을 포함하는 경우						
곡류군	어육류군	채소군	지방군	우유군	과일군	케토니아
1	9	3	9	1		1

예시 A에 과일군을 추가하고 싶다면 과일군 1단위는 탄수화물 12g을 함유하고 있으므로 곡류군 0.5단위를 줄여 구성할 수 있다. 다만 과일의 경우 당지수가 높으므로 혈당지수가 낮은 과일을 선택한다.

C. 과일군을 포함하는 경우						
곡류군	어육류군	채소군	지방군	우유군	과일군	케토니아
1	8	3	9		1	1

배분된 예시 외 개인별 식사 패턴에 따라 식사할 경우, 그날의 식사가 저당지수 식사 비율에 적절한지에 대한 확인이 필요하다. 하루에 섭취한 총 탄수화물, 단백질, 지방 함량을 계산하여 전체적인 영양소 섭취 비율이 탄수화물 10~15%, 단백질 20~30%, 지방은 60~70%에 들어왔는지 확인한다. 비율을 계산하는 방법은 다음과 같다. 참고로 튀김가루, 양념류 등의 탄수화물을 따로 계산하지 않는다면 가능한 소량만 사용하고 탄수화물의 비율을 13% 내외로 구성한다.

탄수화물 섭취 비율 = (하루 섭취 탄수화물 g X 4kcal / 하루 섭취 에너지 kcal) X 100
단백질 섭취 비율 = (하루 섭취 단백질 g X 4kcal / 하루 섭취 에너지 kcal) X 100
지방 섭취 비율 = (하루 섭취 지방 g X 9kcal / 하루 섭취 에너지 kcal) X 100
(*탄수화물 1g = 4kcal, 단백질 1g = 4kcal, 지방 1g = 9kcal)

3단계 > 끼니별 단위 수에 따라 하루 1500kcal 식사량 계획하기(식품 교환단위 '예시 B' 활용)

	곡류군	어육류군	채소군	지방군	우유군	케토니아
	1단위	8단위	3단위	9단위	1단위	1팩
아침	0.3단위 잡곡밥 25g	3단위 소고기미역국 1단위 (소고기 40g) + 반숙달걀장 2단위 (달걀 110g)	1단위 콩나물무침 1단위 (콩나물 70g)	3단위 소고기 미역국 2단위 (참기름 10g) + 콩나물무침 1단위 (참기름 5g)		
점심	0.3단위 들기름막국수 메밀곤약면 130g	1.5단위 들기름막국수 1.5단위 (닭안심 60g)	1단위 나박김치 0.5단위 (무 35g) + 들기름 막국수 0.5단위 (김 0.7g, 실파 10g)	2.5단위 들기름막국수 2.5단위 (참기름 13g)		
저녁	0.4단위 잡곡밥 28g	2단위 소고기육전 1단위 (소고기 40g, 달걀물 소량) 삼치마요네즈구이 1단위 (삼치 50g)	1단위 근대된장국 1단위 (근대 70g)	3.5단위 삼치마요네즈구이 0.5단위 (마요네즈 4g) + 소고기육전 3단위 (올리브유 10g, 참기름 5g)		
간식		1.5단위 검은콩 우유쉐이크 삶은 검은콩 70g			아보카도 캐슈너트밀크 1단위 (우유 200㎖)	케토니아 1팩

*식품군별로 하루에 배분된 단위 수를 개인의 식생활 패턴에 맞추어 자유롭게 구성할 수 있다.
 예) 곡류군 1단위를 두 끼니에 0.5단위씩 배분하여 식사를 구성

3. 저당지수 식사요법 시 유의사항

▶ 실제 비율이 유지되지 않을 때

저당지수 식사요법은 하루 동안 섭취하는 탄수화물, 단백질, 지방의 섭취 비율이 중요하다. 따라서 환아가 몰래 다른 음식을 먹지 않도록 교육하고 주변에서 음식을 주지 않도록 저당지수 식사요법 중임을 알리는 것이 좋다. 이뿐만 아니라 환아의 평소 식습관의 영향으로 저당지수 식사요법을 실천하기 어려운 경우가 있는데, 다음을 참고하여 식사요법에 적응하도록 한다.

① 탄수화물 섭취를 줄이기 힘든 경우

저당지수 식사요법의 핵심인 탄수화물 섭취 줄이기는 평소 곡류군(밥, 면 등) 위주로 식사를 하거나 과일, 젤리, 음료 등을 포함한 달달한 간식 섭취가 많은 환아들이 힘들어하는 부분이다. 요즘 대체 감미료를 사용한 제품들이 시중에 많이 나와 있는데 설탕, 시럽 등의 첨가당 섭취를 줄이는 과정에서 제한적으로 사용하는 것을 고려해 볼 수 있다. 하지만 대체 감미료의 경우 안정성에 대한 충분한 결과가 부족한 상황이므로 장기적으로 고용량을 섭취하는 것은 권고하지 않는다. 탄수화물 섭취를 줄이기 위해 일반 밥, 면 대신 곤약 잡곡밥, 곤약면을 활용하거나 일반 밀가루 빵 대신 아몬드가루로 만든 빵을 대체하여 섭취할 수 있다. 탄산음료는 탄산수로 대체하는 방법을 생각해 본다.

② 단백질 섭취를 늘리기 힘든 경우

반찬량이 많지 않거나 환아의 편식이 심한 경우 어육류군 섭취를 늘리기가 힘들수도 있다. 저당지수 식사요법은 비율이 중요하므로 실제 먹을 수 있는 어육류군 양에 맞춰 전체 식품군의 양을 줄인 뒤 저당지수 식사요법에 적응하면 비율에 맞게 점차 양을 늘리도록 한다. 어육류군인 육류, 생선, 두부, 계란, 콩 등을 다양하게 먹는 것이 좋지만 초반에는 환아가 좋아하는 어육류군 식품 위주로 식사를 구성하도록 한다. 또한 먹는 양의 부피를 줄이는 것도 도움이 될 수 있다. 한 끼에 달걀 2개를 먹는다고 하면 삶은 달걀 2개를 먹는 것보다 달걀찜, 달걀말이 등으로 조리해서 먹는 것이 수월하다. 여기에 토핑으로 모차렐라치즈를 추가한다면 적은 양으로 단백질 섭취량을 늘릴 수 있다.

③ 지방 섭취를 늘리기 힘든 경우

일반적인 식사에서는 저당지수 식사요법에서 많은 양의 지방을 먹지 않기 때문에 식사요법 초반에는 권장하는 양만큼 섭취하는 것이 쉽지 않다. 이를 조리용 기름으로 다 채우려고 하다 보면 기름 범벅이 되기 쉽기 때문에 매일 견과류 제품을 간식으로 1봉지씩 섭취하거나 견과류, 깨, 들깨 등을 매끼 음식 위에 토핑으로 뿌리는 등 다양한 형태로 지방군을 섭취한다. 소스로 올리브오일, 땅콩버터, 마요네즈 등을 사용하거나 식재료로 올리브, 아보카도, 크림치즈 등을 활용하는 방법도 있다. 버섯, 가지 등 기름을 많이 흡수하는 식품을 선택하는 것도 하나의 방법이 될 수 있다.

▶ 다른 음식 섭취하지 않기

어린이집·유치원·학교에서 나오는 간식, 친구들과 하교 후에 먹는 간식 등 계획하지 않은 다른 음식을 추가로 먹게 된다면 그날의 식사 비율을 유지하기 힘들어지므로 주의한다. 환아가 스스로 챙길 수 있는 나이라면 전날에 급식 식단표를 같이 보며 먹지 말아야 할 음식을 확인하고, 메뉴별 식사량을 계획해 보는 것도 좋다. 선호하지 않는 메뉴만 나오는 날이라면 삶은 달걀, 치즈, 휴대용 MCT 오일 등을 간단하게 챙겨가도 좋다. 하교 후 친구들과 편의점에서 간식을 사서 먹는 상황이 생긴다면 스트링 치즈, 두부바, 삶은 달걀, 견과류 등 먹을 만한 간식들을 미리 생각해 놓도록 한다. 환아가 스스로 챙기기가 힘들 경우에는 어린이집·유치원·학교 선생님, 영양사 등 식사요법 중이라는 것을 주변에 알리고 도움을 요청하도록 한다.

▶ 물 충분히 섭취하기

저당지수 식사요법 중 탈수, 산증, 신결석, 고요산혈증 등의 발생을 예방하기 위해 물을 충분히 섭취해야 한다. 물은 생수, 정수 등으로 충분히 마시며 수분을 한 번에 몰아서 먹기 보다는 중간중간 나눠 마신다. 어린이집·유치원·학교에 가는 경우 먹어야 할 양의 물을 챙겨 수분을 보충할 수 있도록 한다.

1일 수분 필요량은 체중에 따라 다음을 참고하여 계산한다.

[수분 요구량 추정 공식]

체중	수분 요구량
1~10kg	100㎖ x 체중
10~20kg	1000㎖+(체중-10) x 50
>20kg	1500㎖+(체중-20) x 20

출처 임상영양관리지침서(제 4판)

▶ 부작용 발생 시(설사, 변비, 저혈당 등)

부작용은 저당지수 식사요법 시작 초기, 수일 또는 수개월 후에 나타나기도 하기 때문에 식사요법을 진행하는 동안 보호자, 의료진, 담당 영양사의 긴밀한 소통과 면밀한 관찰이 필요하다. 부작용의 정도, 지속 기간에 따라서 탄수화물, 단백질, 지방의 비율 조절, 식사요법 지속 여부 등을 결정해야 한다.

대표적인 부작용으로는 설사, 변비, 저혈당 등이 있다. 설사의 경우 지방 섭취가 많아지면서 나타날 수 있는데, 식사요법에 적응하는 과정 중에 나타날 수 있는 증상이므로 증상 완화 여부를 관찰하도록 한다. 설사가 지속될 경우 탈수 예방을 위해 수분 보충을 충분히 하고 증상이 지속된다면 의료진과 상의한다.

　식사에 기인한 변비의 경우 지방 섭취의 증가, 식이섬유, 식사량의 감소 등이 원인이 될 수 있다. 변비가 있을 경우 식사 시 부피를 늘리는 방향으로(예: 나물보다는 생채소 섭취) 식사를 구성한다. 또한 수분 섭취가 부족해도 나타날 수 있기 때문에 적절하게 수분 섭취를 하고 있는지 확인한다.

　저당지수 식사요법을 시작하게 되면 탄수화물 섭취가 감소하여 저혈당이 나타날 가능성이 있다. 저당지수 식사요법은 전형적인 케톤생성 식사요법에 비해서 저혈당 부작용의 발생 가능성은 매우 적지만, 기저질환으로 당뇨병이 있어서 인슐린이나 경구 혈당 강하제를 복용하는 경우에는 주의를 요한다. 저혈당의 증상으로는 창백함, 식은 땀, 처짐, 어지러움 등이 있다. 저혈당 증세가 의심된다면, 혈당 체크를 하고, 혈당이 70mg/dL 이하이면 오렌지주스, 설탕, 사탕과 같은 저혈당 응급 식품을 복용한 뒤 의료진의 진료를 받아야 한다.

▶ **에너지 조절이 필요한 경우**

　식사량이 부족해 환아가 배고파하거나 반대로 식사량이 많아 음식을 남긴다면 에너지 조절이 필요하다. 에너지 조절 시 영양소의 비율, 체중 상태 등 다양한 부분을 고려해야 하므로 담당 영양사와 상의한다.

저당지수 식사요법 Q&A

Q 피검사는 왜 해야 하나요?

A 저당지수 식사요법은 기본적으로 고지방식사로, 식사요법을 진행하면서 비정상적인 지방질 프로필이 나타날 수 있습니다. 저당지수 식사용법을 시작하기 전 피검사 통해 고지혈증과 고콜레스테롤혈증, 고요산혈증 등 식이 치료 적절성 및 유지 가능성 여부를 확인하고, 식사요법을 시작한 후에도 주기적으로 혈중 중성지방 수치, 콜레스테롤, 요산 수치 등을 확인해야 합니다. 고지혈증과 고콜레스테롤혈증, 고요산혈증 등이 확인되거나, 식사요법을 시작한 후 발생하는 경우 저당지수 식사요법의 비율을 조정하거나 중단해야 할 수 있습니다.

Q 복부 및 신장 초음파 검사는 왜 하나요?

A 저당지수 식사요법을 시작하기 간, 담도, 췌장, 신장에 대한 초기 상태 평가와 이

들 장기의 구조적 상태에 관해 초음파 검사 진행이 필요합니다. 간, 담도, 췌장, 신장에 심각한 구조적 문제가 있는 일부 환자의 경우에는 저당지수 식사요법이 불가능할 수 있으므로 이에 대해서 반드시 확인이 필요합니다. 저당지수 식사요법을 시작한 후에도 몇 달 간격으로 복부 및 신장 초음파 검사의 추적 관찰이 필요할 수 있습니다.

간은 지방을 대사하여 필요한 에너지원으로 사용하거나 지방을 저장합니다. 지방간은 간세포에 과도한 지방이 축적되는 상태입니다. 고지방 식이는 간에 추가적인 지방 축적을 유도할 수 있습니다. 그러므로 지방간이 있는 경우 지방 섭취가 제한 될 수 있습니다. 담도는 쓸개즙이 통과하는 길인데, 쓸개즙은 지방의 소화에 큰 역할을 합니다. 따라서 담도계에 구조적인 문제가 있는지 살피는 것이 중요합니다.

췌장은 탄수화물, 지방, 단백질 대사 모든 측면에서 중요한 역할을 합니다. 췌장에서 분비되는 다양한 소화효소는 저당지수 음식을 분해하는 데 매우 중요한 역할을 합니다. 따라서 췌장과 그 주변에 구조적인 문제가 이상이 있을 경우 저당지수 식사요법이 크게 제한될 수 있습니다.

또한 신장은 혈액에서 단백질과 그 대사 산물을 걸러내는 역할을 합니다. 단백질이 대사 되면서 생성된 암모니아는 독성이 있어 신장에서 요소로 전환되고, 요소는 신장에서 소변을 통해 배출됩니다. 신장질환이 있는 경우, 신장 기능을 보호하기 위해 단백질 섭취를 조절해야 합니다. 과도한 단백질 섭취는 신장에 추가적인 부담을 줄 수 있기 때문입니다.

고요소혈증은 혈중 요산 농도가 정상 범위를 초과하여 증가한 상태입니다. 높은 요산 농도는 신장에서 요산 결석을 형성할 수 있어 신장에 결석 여부를 확인해야 합니다.

Q 저당지수 식사요법 중 시럽약을 복용해도 될까요?

A 시럽약은 액체 약물의 맛을 개선하거나 보관 안정성을 높이기 위해 당분이 첨가되어 있습니다. 가능한 같은 성분의 알약(가루약) 제형이 있으면 우선적으로 사용하는 것을 추천하며 지속적으로 복용해야 하는 시럽약의 경우 시럽약에 포함된 당분도 하루 전체의 저당지수 식사요법 비율에 포함하여 전체적인 식단 비율을 계획할 필요가 있습니다.

연령이 어린 환아의 경우 알약 복용이 어렵다면 가루약으로 제형을 변경할 수 있습니다. 가루약은 조제 과정에서 부형제(약제에 적당한 형태를 주거나 혹은 양을 증가해 사용에 편리하게 하는 목적으로 더해지는 물질)가 사용될 수 있으며 부형제에 당분이 첨가된 경우가 있습니다. 이와 같은 경우, 가루약 조제 시 부형제가 사용되지 않도록 약제팀과 소통하는 것이 필요합니다.

가루약 섭취의 편의성을 위해 요거트 등의 간식에 섞어서 먹이는 경우 해당 간식에 포함되어 있는 당분도 계산하여 저당지수 식사요법 비율에 포함해야 합니다. 정규적인 식사나 간식 이외에 약제로 인한 추가적인 당을 관리하기 위해서, 의료진 및 영양팀과 상의하여 조절하는 것이 좋습니다.

Q 점심에 급식을 먹거나 외식을 하는 경우에는 어떻게 할까요?

A 저당지수 식사요법의 장점은 매 끼니 비율을 맞추는 것이 아닌 하루 전체 영양소의 비율만 맞추면 된다는 점입니다. 탄수화물의 제한으로 특히 밥 양 조절이 어려운데 어린이집·유치원·학교 등에서 점심을 먹거나 주말에 외식하는 경우에는 해당 끼니에 밥을 몰아서 먹게 됐다면 다른 끼니 때 밥을 제외하거나 양을 조절하는 방향으로 식사를 합니다.

Q 탄수화물 함량만 맞으면 사탕, 젤리, 아이스크림, 음료수 등 단 음식을 먹여도 될까요?

A 저당지수 식사요법은 이름에서 알 수 있듯 식품 선택 시 당지수가 낮은 식품을 선택하는 것이 중요합니다. 당지수가 낮은 식품을 섭취하면 혈당이 천천히 상승하여 뇌 경련의 역치를 증가시킨다고 알려져 있습니다. 따라서 당지수가 높은 사탕, 젤리, 아이스크림 등의 섭취는 권장하지 않습니다.

Q 지방 섭취가 많은데 괜찮을까요?

A 포화지방, 트랜스지방산이 많은 식품의 섭취가 많을 경우 혈중 콜레스테롤과 중성지방 수치가 증가할 위험이 있으므로 포화지방, 트랜스지방산이 풍부한 식품보다는 오메가 3, 9 등이 풍부한 식품을 선택합니다. 또한 한 가지 음식에 치중하기보다는 육류, 생선, 두부, 계란, 콩, 액체형 기름, 견과류 등 다양한 식품을 섭취하도록 합니다.

Q 식품과 영양소의 양이 헷갈려요.

A 식품교환표를 보면 곡류군 1단위의 예시로 잡곡밥은 70g의 영양소의 함량은 탄수화물 23g, 단백질 2g임을 알 수 있습니다. 여기서 잡곡밥 70g은 식품의 무게를 뜻하고 탄수화물 23g, 단백질 2g은 눈에 보이지 않는 영양소의 함량을 나타내므로 식품의 무게와 영양소의 양의 차이를 기억해야 합니다.

Q 영양제, 양념류, 튀김가루 등에 포함되어 있는 탄수화물도 고려해야 할까요?

A 영양제, 양념류, 튀김가루 등에 포함된 탄수화물까지 계산하기란 쉽지 않습니다. 이러한 부분을 고려하여 '하루 필요 에너지에 따른 식품군 교환단위수(p.72)' 단

위수 배분 시 탄수화물의 비율을 13% 내외로 구성하였으며 양념류, 튀김가루 등 계산에 포함되지 않은 탄수화물류는 가능한 소량 섭취합니다. 탄수화물을 많이 섭취했거나 식품군 교환단위수 예시를 참고하지 않았을 경우 저당지수 식사요법에 맞는 비율(탄수화물 10~15%, 단백질 20~30%, 지방 60~70%)에 맞추어 식사를 합니다.

Q 나이가 같은데 왜 하루 필요 에너지가 다른가요?

A 하루 필요 에너지는 환아의 나이, 키, 체중, 성장 상태, 활동량 등을 고려하여 개별적으로 산정하게 됩니다. 따라서 나이가 같더라도 에너지가 다를 수 있습니다. 오히려 에너지 만을 생각하여 식사량을 늘렸는데 환아가 다 먹지 못할 경우 비율이 깨져 식사요법이 제대로 이루어지지 않을 수 있습니다. 그러므로 개인에게 맞는 에너지를 산정하고 이에 따른 계획된 식사를 온전히 섭취하는 것이 중요합니다.

Q 분유, 경관유동식도 저당지수 식사요법이 가능할까요?

A 분유 수유 중이거나 경관유동식을 하는 환아의 경우 지방 비율이 높은 케토니아와 같은 영양조제식품에 단백질 분말, 상업용 경장영양액 또는 탄수화물로 구성된 영양보충 제품 등을 추가하여 혼합하면 저당지수 식사요법 비율에 맞는 영양 공급이 가능합니다. 혼합하는 제품의 종류와 혼합 비율은 담당 영양사와 상의하도록 합니다.

Q 조리하기가 어려울 때는 어떻게 할까요?

A 꼭 직접 조리를 해야만 저당지수 식사요법을 실천할 수 있는 건 아닙니다. 외부음식 섭취 시 식품군별 하루 섭취량에 신경을 쓰고 양념류를 꼼꼼히 확인합니다. 메뉴 선택 시 단백질을 많이 섭취할 수 있는 메뉴를 선택하고 MCT 오일, 견과류 등을 추가 섭취하여 지방군을 보충합니다.

Q 아이가 아플 때는 어떻게 먹는 것이 좋을까요?

A 아이가 아플 때는 전체적인 식사량을 줄여 저당지수 식사요법의 비율을 유지하거나 증상이 심할 경우 의사와 상의하여 일시적으로 저당지수 식사요법 영양소 비율을 변경하여 식사요법을 유지할 수도 있습니다.

Q 자꾸 사레에 들리는데 어떻게 먹는 것이 좋을까요?

A 액체류, 거칠거칠한 음식, 질감이 서로 다른 음식이 섞여 있는 음식을 섭취할 경우 사레에 더 잘 들립니다. 이때에는 끼니에 배분된 식재료를 전부 넣고 스무디 질감으로 곱게 갈아 혼합하여 먹도록 합니다. 증상이 심한 경우 의사와 상의하도록 합니다.

Q 식품 교환표에 나오지 않는 식품의 영양소는 어떻게 계산할까요?

A 제조·가공·소분된 식품에 표기된 영양성분표를 활용하여 섭취한 영양소를 계산합니다. 보다 다양한 식품의 정확한 영양성분을 알고 싶다면 식품의약품안전처 '식품영양성분 데이터베이스' 사이트를 참고합니다.

https://various.foodsafetykorea.go.kr/nutrient/

Part 4

저당지수 식사요법 맞춤 레시피

레시피 편

저당지수 식사요법 레시피를 만들기 전에

1. 이 책의 레시피 특징

- 본 도서의 레시피는 네 가지로 구성되어 있다. 늘 먹을 수 있는 밥과 반찬, 특별한 일품 요리, 브런치나 도시락 요리, 아이들이 좋아할 만한 간식 들이 있다.
- 간식을 제외하고 모든 레시피는 3인분으로 구성하였으며 사진과 영양소 함량은 1인분을 기준으로 하였다.
- 한 끼 상차림 레시피는 저당지수 식사에 활용할 수 있는 밥과 국, 찬으로, 밥은 1인분 기준 탄수화물의 함량이 15g 이하로 구성했다.
- 2장과 3장의 레시피는 저당지수 식사요법의 탄수화물, 단백질, 지방의 권장 비율에 맞춰 구성하였으며 죽과 수프는 권장 비율에는 맞지 않으나 일반 식사보다 탄수화물의 양을 줄여 아플 때 활용할 수 있도록 구성하였다.
- 간식의 경우 에너지 열량은 1인분에 대한 표기가 아닌 전체 재료 조리 시의 에너지 및 영양소 함량으로 작성했다.

2. 이 책의 주요 식재료

저당지수 식사요법은 저탄수화물, 고단백, 고지방으로 식사를 구성한다. 탄수화물 식품인 밥, 빵, 면, 튀김 등을 통한 탄수화물 섭취를 줄이고 저당지수 탄수화물을 선택하는 것이 중요하다. 지방은 무조건적으로 양을 늘리는 것이 아니라 좋은 지방을 쓰는 것이 중요하다. 저당지수 식사 가이드의 레시피에 활용된 주요 식재료는 다음과 같다.

① 곡류군

밥·면을 통한 탄수화물 섭취를 줄이기 위해 밥을 지을 때 곤약을 활용하여 곤약밥을 만들거나 양배추, 브로콜리, 버섯, 두부 등 채소와 단백질을 활용하여 부피를 늘린다. 면 요리 및 일품

요리 조리 시 혈당지수가 높은 밀가루 면 대신 곤약면, 곤약떡, 해초면, 두부면, 저당 또띠아 등을 활용하고 빵·쿠키·전·튀김의 경우 탄수화물 섭취를 줄이고 지방 섭취를 늘릴 수 있도록 밀가루 대신 아몬드가루를, 바삭한 식감을 위해 튀김가루 대신 지방군에 속하는 코코넛(코코넛롱)으로 사용할 수 있도록 구성했다.

② 어육류군

다양한 영양소 섭취를 위해 육류, 생선, 두부, 계란, 콩 등 다양한 식재료를 활용한다.

③ 지방군

좋은 지방 섭취를 위해서 오메가3, 오메가9 지방산 등 불포화지방산이 풍부한 식품을 선택한다. 오메가3 지방산이 풍부한 들깨, 등푸른 생선(연어, 고등어 등) 등과 오메가9 지방산이 풍부한 올리브·올리브유, 아보카도·아보카도오일 등을 사용한다. 이뿐만 아니라 깨, 견과류 등을 토핑으로 활용하여 좋은 지방을 섭취할 수 있도록 하였다. 레시피에 소개된 재료 외 MCT 오일의 경우 효율적인 에너지를 공급하고 케톤 생성을 촉진하므로 섭취를 권장한다. 다른 기름과 달리 무색, 무취이므로 다양한 음식(국, 샐러드, 간식 등)에 활용 가능하나 발연점이 낮기 때문에 열을 가하는 조리 시에는 사용하지 않도록 한다. 복통, 설사 등의 부작용이 생길 경우 의료진, 영양사와 상담하여 개인의 순응도에 맞게 점진적으로 섭취를 늘린다. 일반적으로는 1일 15g 이하로 섭취를 권장한다.

④ 과일군

토마토, 베리류, 사과, 레몬 등 혈당지수가 낮은 과일을 활용한다. 참고로 코코넛, 아보카도는 과일이지만 지방 함량이 높

아 지방군에 속하므로 요리 할 때 활용하는 것을 추천한다.

⑤ 기타

탄수화물 섭취를 줄이기 위해 조리 시 설탕, 꿀, 올리고당 등은 대체 감미료로 대체한다. 이 책에서는 주로 알룰로스(액상형)을 사용하였는데 알룰로스의 경우 설탕과 가장 유사한 맛을 가지고 있으며 몸에 흡수되지 않고 배출되어 혈당 조절에 도움이 된다고 알려져 있다. 레시피에 사용된 시판 저당소스(저당 고추장, 저당 케첩, 저당 돈까스소스 등)의 경우에도 알룰로스로 단맛을 낸 소스를 사용하였다.

3. 식재료 계량 도구 및 계량법

저당지수 식사요법을 잘 실천하기 위해서는 정확한 계량이 필요하다. 이 책에서는 정확한 계량을 위해 레시피의 양은 가급적 그램(g)으로 표기하였다. 레시피에 따라 조리할 때 정확하게 계량을 권장한다.

▶ 저울

정확하게 측정할 수 있도록 전자저울 사용을 권장하며 1g 단위로 측정할 수 있는 것을 선택한다. 저울은 수평으로 맞춰 사용하고 저울을 이동할 때는 몸체를 들어 이동해야 하며 사용하지 않을 때는 저울 접시에 아무것도 올려놓지 않는다.

▶ 계량컵과 계량스푼

물이나 기름이 묻지 않은 상태에서 사용해야 하며 재료의 질감에 따라 계량하는 방법이 다르므로 주의한다.

▶ 계량하기 쉬운 양념 목측량

본 책의 레시피는 양이 중요하다. 특히 양념류는 숨어 있는 열량이다. 따라서 정확한 양으로 계량하여 사용하여야 한다. 쉽게 양념류를 목측할 수 있도록 사진으로 제시하였다.

컵

액체 1컵=200㎖, 1/2컵=100㎖
가루 1컵=110g, 1/2컵=55g

손

가루 0.1g

숟가락

액체 1T=15g, 1/2T=7.5g, 1/3T=5g, 1/2t=2.5g, 1/3t=1.7g
기름 1T=12g, 1/2T=6g, 1/3T=4g, 1/2t=2g, 1/3t=1.3g
꿀/올리고당 1T=21g, 1/2T=10.5g, 1/3T=7g, 1/2t=3.5g, 1/3t=2.3g

가루 1T=10g, 1/2T=5g, 1/3T=3.3g, 1/2t=1.7g, 1/3t=1.1g

장류 1T=18g, 1/2T=9g, 1/3T=6g, 1/2t=3g, 1/3t=2g

4. 저당지수 식사가이드 레시피를 활용한 일주일 식단 예시

(하루 1500kcal 기준)

	월	화	수	목	금	토	일
에너지	1553kcal 탄:단:지(%) =15:20:65	1515kcal 탄:단:지(%) =13:23:64	1518kcal 탄:단:지(%) =13:22:65	1466kcal 탄:단:지(%) =15:25:60	1499kcal 탄:단:지(%) =12:21:67	1431kcal 탄:단:지(%) =15:24:63	1489kcal 탄:단:지(%) =12:21:67
아침	- 곤약밥 - 소고기들깨미역국 - 반숙달걀장 - 오이무침 ▸ 542kcal	- 달걀양배추볶음밥 ▸ 454kcal	- 콜리플라워밥 - 차돌된장찌개 - 명란달걀말이 ▸ 454kcal	- 참치마요덮밥 ▸ 360kcal	- 또띠아랩샌드위치 ▸ 428kcal	- 김치두부오므라이스 ▸ 388kcal	- 브런치플레이트 ▸ 408kcal
점심	- 매콤닭볶음면 ▸ 373kcal	- 키토김밥 ▸ 426kcal	- 연어스테이크 ▸ 438kcal	- 새송이밥 - 해물순두부찌개 - 치즈멘츠카츠 ▸ 541kcal	- 치킨스테이크 ▸ 530kcal	- 오븐구이돈가스정식 ▸ 694kcal	- 소고기콜리플라워밥 ▸ 389kcal
저녁	- 가지덮밥 ▸ 477kcal	- 곤약해물라면 ▸ 409kcal	- 소고기분짜 ▸ 396kcal	- 곤약자장면 ▸ 566kcal	- 들기름막국수 ▸ 207kcal	- 부라타치즈샐러드 ▸ 433kcal	- 곤약로제떡볶이 ▸ 334kcal
간식	- 코코넛밀크아이스바 ▸ 139kcal	- 치떡치떡 ▸ 226kcal	- 코코넛투윌 ▸ 307kcal		- 아보카도아몬드스무디 ▸ 333kcal		- 두부나초 ▸ 240kcal - 그릭요거트볼 ▸ 118kcal

Low Glycemic Index Treatment

이영목, 나지훈 교수의
소아청소년 신경질환을 위한
저당지수 식사 가이드

1장

날마다 먹는 한 끼 상차림

늘 먹는 밥과 반찬, 따뜻한 국과 찌개 등
날마다 먹어야 하는 저당지수 레시피를 요리해 보세요.

콜리플라워밥

재료

콜리플라워 ▶ 400g
올리브유 ▶ 15g
소금 ▶ 1g

조리법

① - 콜리플라워는 적당한 크기로 자른 뒤 커터기 또는 칼로 다진다.
② - 팬에 올리브유를 두르고 콜리플라워를 볶는다.
③ - 소금을 넣고 수분이 날아갈 때까지 볶는다.

Tip • 냉동 콜리플라워 라이스를 사용해도 된다.

88
에너지(kcal/1인분)

- 탄수화물 **6.5**g
- 단백질 **2.9**g
- 지방 **5.6**g

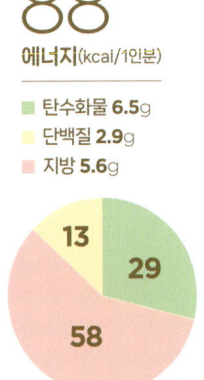

13
29
58
비율(%)

74
에너지(kcal/1인분)

- 탄수화물 **14.5**g
- 단백질 **2.9**g
- 지방 **0.4**g

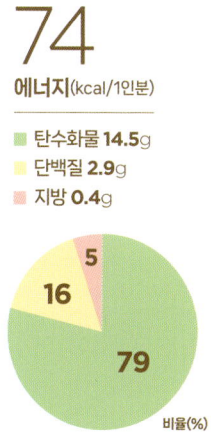

비율(%)

새송이밥

재료
현미 ▸ 40g
새송이버섯 ▸ 200g
물 ▸ 120mL

조리법
① - 현미는 씻어서 20~30분 정도 불린다.
② - 새송이버섯은 뿌리를 잘라내고 곱게 다진다.
③ - 현미와 새송이버섯을 솥에 넣고 물을 부어서 끓인다.
④ - 물이 끓기 시작하면 중간불에서 현미가 퍼지도록 끓인다.

브로콜리 양배추밥

재료

- 브로콜리 ▶ 100g
- 양배추 ▶ 200g
- 달걀 ▶ 2개
- 올리브유 ▶ 15g
- 소금 ▶ 1g
- 후춧가루 ▶ 약간

조리법

① - 브로콜리와 양배추는 각각 다진다.
② - 달걀에 소금, 후춧가루를 넣어 잘 풀어준다.
③ - 브로콜리와 양배추, 달걀을 넣어 잘 섞는다.
④ - 팬을 중불로 달군 뒤 올리브유를 두르고 재료를 넣어 수분이 날아갈 때까지 볶는다.

129 에너지(kcal/1인분)

- 탄수화물 **7.2g**
- 단백질 **6.6g**
- 지방 **8.2g**

탄수화물 22 / 단백질 20 / 지방 58
비율(%)

151
에너지(kcal/1인분)

- 탄수화물 **7.5**g
- 단백질 **10.6**g
- 지방 **8.7**g

20
28
52
비율(%)

두부밥

재료

두부 ▶ 300g
당근 ▶ 15g
퀴노아 ▶ 15g
참기름 ▶ 10g
통깨 ▶ 3g
물 ▶ 50mL

조리법

① - 두부는 칼등으로 곱게 으깬다.
② - 당근은 다지고 퀴노아는 씻어서 건진다.
③ - 솥에 퀴노아, 당근을 넣고 물을 부은 후 두부를 올린다.
④ - 끓기 시작하면 중간 불로 줄여서 퀴노아를 익힌다.
⑤ - 두부와 골고루 섞은 후 참기름, 통깨를 넣어 섞는다.

Tip • 퀴노아 대신 잡곡밥이나 현미밥에 볶은 두부를 섞어서 두부밥을 만들 수 있다.

60 에너지(kcal/1인분)

■ 탄수화물 **13.2**g
■ 단백질 **1.1**g
■ 지방 **0.3**g

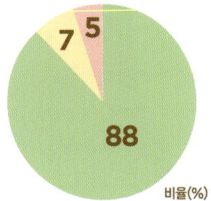
비율(%)

곤약밥

재료

곤약쌀(습식형) ▶ 200g
현미 ▶ 45g
물 ▶ 100 mL

조리법

① - 곤약쌀을 물에 2~3번 헹군다.
② - 현미는 씻어서 20~30분 정도 불린다.
③ - 현미, 곤약쌀, 물을 넣고 밥을 짓는다.

Tip
- 곤약쌀은 전분이 함유되지 않은 것을 사용한다.
- 현미 대신 잡곡쌀을 사용해도 된다.

오이무침

재료

오이 ▶ 200g
절임용 소금 ▶ 적당히
소금 ▶ 1g
깨소금 ▶ 10g
식초 ▶ 10g
간장 ▶ 6g
마요네즈 ▶ 10g
참기름 ▶ 5g
화인스위트 ▶ 1g

조리법

① - 오이는 얇게 통썰기한 뒤 소금을 골고루 뿌려 10분 정도 절인 다음 물기를 꼭 짠다.
② - 깨는 곱게 간 뒤 식초, 간장, 마요네즈, 참기름, 소금, 화인스위트와 잘 섞어 양념을 만든다.
③ - 오이에 양념을 넣어 무치거나 먹기 전에 뿌려준다.

71
에너지(kcal/1인분)

- 탄수화물 **3.0**g
- 단백질 **1.9**g
- 지방 **5.7**g

11
17
72
비율(%)

Tip • 오이 외에 우엉, 연근 등의 채소로 대체할 수 있다.

소고기들깨미역국

재료

- 소고기(양지) ▶ 100g
- 불린 미역 ▶ 60g(건미역 6g)
- 참기름 ▶ 30g
- 들깨가루 ▶ 30g
- 국간장 ▶ 20g
- 다진 마늘 ▶ 10g
- 물 ▶ 700mL
- 소금 ▶ 약간

조리법

① - 소고기(양지)와 불린 미역을 먹기 좋은 크기로 자른다.
② - 냄비에 참기름을 두른 후 소고기를 먼저 볶다가 불린 미역을 넣고 같이 볶은 후 국간장을 넣는다.
③ - 참기름이 재료에 잘 스며들면 물을 넣고 끓인다.
④ - 중간 불에서 미역이 부드러워지도록 충분히 끓인 후 다진 마늘과 들깨가루를 넣는다.
⑤ - 소금으로 간을 한다.

240 에너지(kcal/1인분)

- 탄수화물 **5.7**g
- 단백질 **8.8**g
- 지방 **20.2**g

비율(%): 9 / 15 / 76

해물순두부찌개

재료

- 순두부 ▶ 300g
- 꽃게 ▶ 200g
- 바지락 ▶ 100g
- 새우(중하) ▶ 100g
- 양파 ▶ 30g
- 애호박 ▶ 30g
- 풋고추 ▶ 10g
- 홍고추 ▶ 10g
- 고추기름 ▶ 15g
- 고춧가루 ▶ 3g
- 국간장 ▶ 10g
- 다진 파 ▶ 15g
- 다진 마늘 ▶ 10g
- 소금, 후춧가루 ▶ 약간
- 물 ▶ 350mL

조리법

① - 순두부는 봉지째 칼로 잘라 덩어리를 그릇에 담고 숟가락으로 큼직하게 썰어둔다.
② - 꽃게, 바지락, 새우는 물에 씻어서 건진다.
③ - 양파, 애호박은 먹기 좋게 썰고 풋고추, 홍고추는 송송 썬다.
④ - 냄비에 고추기름을 두르고 고춧가루를 넣어 타지 않게 볶다가 물을 넣는다.
⑤ - 꽃게, 조개, 새우를 넣고 끓인다.
⑥ - 국물이 끓으면 양파, 애호박을 넣어 끓인다.
⑦ - 애호박이 익으면 국간장, 다진 파, 다진 마늘, 순두부를 넣는다.
⑧ - 풋고추, 홍고추를 넣고 소금, 후춧가루로 간을 한다.

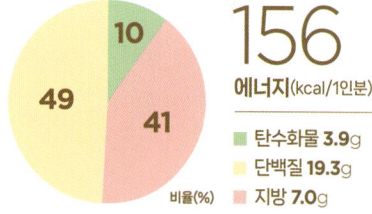

156 에너지(kcal/1인분)
■ 탄수화물 3.9g
■ 단백질 19.3g
■ 지방 7.0g
비율(%) 49 / 10 / 41

Tip • 국간장 대신 참치액젓을 사용해도 된다.

차돌된장찌개

재료

- 소고기(차돌박이) ▶ 60g
- 두부 ▶ 150g
- 애호박 ▶ 60g
- 양파 ▶ 30g
- 풋고추 ▶ 10g
- 홍고추 ▶ 10g
- 대파 ▶ 10g
- 다시마 ▶ 5g
- 된장 ▶ 30g
- 고춧가루 ▶ 3g
- 다진 마늘 ▶ 10g
- 물 ▶ 500 mL
- 소금, 후춧가루 ▶ 약간

조리법

① - 두부, 애호박, 양파는 먹기 좋게 썰고 홍고추, 풋고추는 송송 썬다.
② - 물에 다시마를 넣고 끓이다가 국물이 끓으면 된장을 체에 걸러 잘 풀어주고 다시마는 건져낸다.
③ - 애호박과 양파를 넣어 끓인다.
④ - 애호박이 익으면 두부와 차돌박이를 넣고 고춧가루를 넣는다.
⑤ - 두부가 간이 베이게 끓으면 풋고추, 홍고추, 대파, 다진 마늘을 넣는다.
⑥ - 기호에 맞게 소금, 후춧가루로 간을 한다.

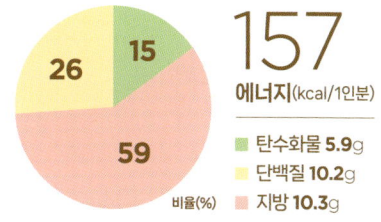

소고기육전

재료

- 소고기(우둔) ▸ 120g
- 달걀 ▸ 1개
- 아몬드가루 ▸ 10g
- 실파 ▸ 10g
- 참기름 ▸ 15g
- 올리브유 ▸ 30g
- 소금 ▸ 약간
- 후춧가루 ▸ 약간

조리법

① - 소고기는 육전용으로 얇게 준비하여 참기름을 바르고 소금, 후춧가루로 간을 한다.
② - 아몬드가루를 골고루 묻힌 후 달걀을 풀어서 달걀물을 입힌다.
③ - 팬에 올리브유를 두른 다음 앞뒤로 노릇노릇하게 익힌다.
④ - 그릇에 담고 송송 썬 실파를 뿌린다.

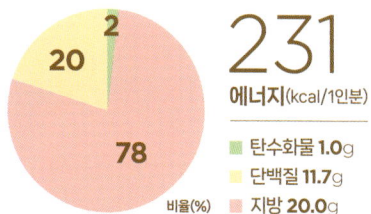

231 에너지(kcal/1인분)

- 탄수화물 1.0g
- 단백질 11.7g
- 지방 20.0g

비율(%): 20, 2, 78

새우버터구이

재료

새우살 ▸ 180g
마늘 ▸ 10g
양파 ▸ 60g
버터 ▸ 40g
모차렐라치즈 ▸ 50g
저당 토마토소스(시판용) ▸ 20g
소금 ▸ 약간
후춧가루 ▸ 약간

조리법

① - 양파는 굵게 다지고 마늘을 편으로 썬다.
② - 팬에 버터를 두르고 마늘과 양파를 볶는다.
③ - 새우살을 넣고 볶다가 소금, 후춧가루로 간을 한다.
④ - 볶은 재료를 그릇에 담고 저당 토마트소스와 모차렐라치즈를 골고루 뿌린다.
⑤ - 전자레인지에 30초 정도 돌려 치즈를 녹인다.

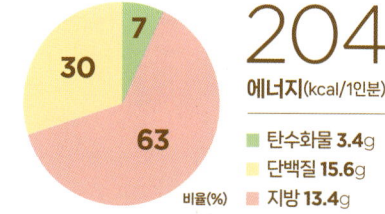

204
에너지(kcal/1인분)

■ 탄수화물 **3.4**g
■ 단백질 **15.6**g
■ 지방 **13.4**g

비율(%)
30
7
63

Tip
• 모차렐라치즈 대신 스트링치즈나 슬라이스치즈를 사용해도 좋다.
• 치즈를 노릇노릇하게 구우려면 오븐이나 에어프라이어에서 200℃ 에서 6~7분간 구워준다.

버섯떡갈비

재료

소고기(다짐육) ▸ 250g
양파 ▸ 30g
당근 ▸ 15g
아몬드 ▸ 15g
새송이버섯 ▸ 150g
간장 ▸ 20g

양념 재료

알룰로스 ▸ 5g
다진 파 ▸ 10g
다진 마늘 ▸ 5g
참기름 ▸ 15g
깨소금 ▸ 3g
소금, 후춧가루 ▸ 약간

조리법

① - 양파, 당근, 아몬드는 다진다.
② - 양념 재료를 섞은 후 소고기와 골고루 섞는다.
③ - 양념된 소고기에 양파, 당근, 아몬드를 넣어 잘 치댄다.
④ - 새송이버섯은 1.5cm 두께로 도톰하게 썬다.
⑤ - 양념한 소고기로 버섯을 감싸서 버섯 지붕을 만든다.
⑥ - 오븐 용기에 담고 오븐 200℃에서 10~12분간 굽는다.

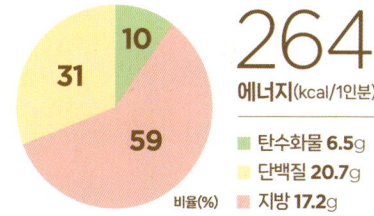

264 에너지(kcal/1인분)

■ 탄수화물 6.5g
■ 단백질 20.7g
■ 지방 17.2g

비율(%)

Tip
- 아몬드 대신 호두, 땅콩, 잣, 캐슈너트 등의 견과류를 사용해도 된다.
- 오븐 대신 에어프라이어를 활용해도 된다.

치즈멘치카츠

재료

- 소고기 (다짐육) ▸ 120g
- 돼지고기(다짐육) ▸ 60g
- 스트링치즈 ▸ 30g
- 달걀 ▸ 30g(1/2개)
- 아몬드가루 ▸ 5g
- 코코넛가루 ▸ 30g
- 식용유(튀김용) ▸ 적당량

양념 재료

- 다진 마늘 ▸ 5g
- 소금 ▸ 1g
- 올리브오일 ▸ 10g
- 후춧가루 ▸ 약간

조리법

① - 소고기와 돼지고기는 잘 섞은 후 양념 재료를 넣고 잘 치댄다.
② - 스트링치즈는 적당한 길이로 썬다.
③ - 반죽한 고기는 3등분으로 나누어 가운데 스트링치즈를 넣고 감싼다.
④ - 달걀을 풀어서 달걀물을 만든다.
⑤ - 아몬드가루, 달걀물, 코코넛가루 순으로 옷을 입힌다.
⑥ - 170℃ 의 식용유에서 노릇노릇하게 튀긴다.

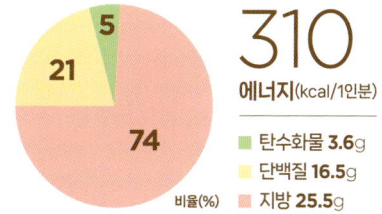

310 에너지(kcal/1인분)

- 탄수화물 3.6g
- 단백질 16.5g
- 지방 25.5g

비율(%): 74 / 21 / 5

아롱사태편육

재료

소고기(아롱사태) ▸ 120g
메추리알 ▸ 6개
피망 ▸ 20g
통마늘 ▸ 20g
대파 ▸ 20g
통후추 ▸ 1g
알룰로스 ▸ 5g
간장 ▸ 20g
참기름 ▸ 5g
맛술 ▸ 5g
물 ▸ 300mL

조리법

① - 아롱사태는 찬물에 10분 정도 담가 핏물을 제거한다.
② - 메추리알은 삶아서 껍질을 까고 피망은 먹기 좋게 썬다.
③ - 물에 통마늘, 대파, 통후추를 넣고 은근한 불에서 아롱사태를 끓인다.
④ - 아롱사태가 부드럽게 익으면 육수에서 건져 식힌 후 얇게 썬다.
⑤ - 아롱사태와 메추리알, 육수, 알룰로스, 간장, 맛술을 넣어 은근한 불에서 조린다.
⑥ - 아롱사태에 간이 배면 피망과 참기름을 넣는다.

107
에너지 (kcal/1인분)

■ 탄수화물 3.5g
■ 단백질 11.2g
■ 지방 5.4g

비율(%)

Tip
- 장조림은 조금씩 하는 것보다 아롱사태 한 덩어리씩 삶아 냉동해 두었다가 먹을 때 메추리알을 넣고 조리하면 더 빠르게 장조림을 만들 수 있다.
- 피망 대신 꽈리고추나 마늘쫑, 마른 고추를 넣어도 좋다.

삼치마요네즈구이

재료

삼치 ▸ 150g
실파 ▸ 5g
마요네즈 ▸ 15g
간장 ▸ 3g
씨겨자 ▸ 2g

조리법

① - 삼치는 3등분하여 키친타올로 물기를 제거한다.
② - 마요네즈, 간장, 씨겨자를 잘 섞는다.
③ - 삼치에 양념을 골고루 바른 뒤 200℃ 오븐에서 10~12분간 굽는다.
④ - 그릇에 담고 실파를 송송 썰어 뿌린다.

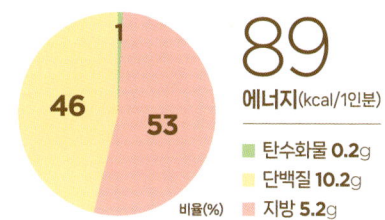

89 에너지(kcal/1인분)

■ 탄수화물 0.2g
■ 단백질 10.2g
■ 지방 5.2g

비율(%): 1 / 46 / 53

Tip • 오븐 대신 에어프라이어를 사용해도 된다.

참치채소전

재료

참치(통조림) ▸ 150g
두부 ▸ 60g
당근 ▸ 15g
표고버섯 ▸ 15g
실파 ▸ 10g
달걀 ▸ 1개
아몬드가루 ▸ 10g
올리브유 ▸ 30g
소금 ▸ 약간
후춧가루 ▸ 약간

조리법

① - 참치는 체에 걸러 기름기를 빼고 곱게 으깬다.
② - 두부는 칼등으로 으깨고 당근, 표고버섯, 실파는 다진다.
③ - 참치, 두부, 다진 채소, 달걀, 아몬드가루를 넣고 섞은 후 소금, 후춧가루로 간을 한다.
④ - 팬에 올리브유을 두르고 한 큰술씩 떠서 노릇노릇하게 굽는다.

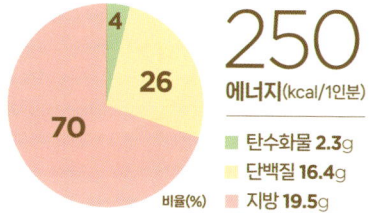

250 에너지(kcal/1인분)

■ 탄수화물 2.3g
■ 단백질 16.4g
■ 지방 19.5g

비율(%)

닭가슴살유부구이

재료

- 닭가슴살 ▶ 120g
- 유부 ▶ 60g
- 팽이버섯 ▶ 30g
- 실파 ▶ 5g
- 참기름 ▶ 15g
- 깨소금 ▶ 4g
- 올리브유 ▶ 15g
- 소금 ▶ 약간
- 후춧가루 ▶ 약간

조리법

① - 닭가슴살은 곱게 다진다.
② - 팽이버섯과 실파는 송송 썬다.
③ - 닭가슴살, 팽이버섯, 실파를 섞은 후 참기름, 깨소금를 넣고 소금, 후춧가루로 간을 한다.
④ - 유부에 재료를 꼭꼭 채워 넣는다.
⑤ - 팬에 올리브유를 두르고 유부는 중간 불에서 뚜껑을 덮고 앞뒤가 노릇노릇하게 굽는다.

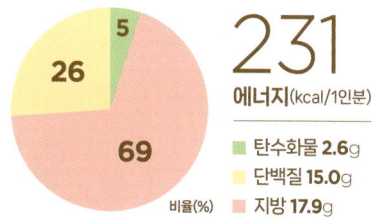

231 에너지 (kcal/1인분)

- 탄수화물 2.6g
- 단백질 15.0g
- 지방 17.9g

비율(%)

Tip
- 오븐이나 에어프라이어로 조리할 경우 200℃에서 10분 정도 굽는다.
- 유부는 조미가 되지 않은 유부를 사용한다.

두부스테이크

재료

- 두부 ▸ 300g
- 호두 ▸ 15g
- 아몬드가루 ▸ 50g
- 올리브유 ▸ 30g
- 마요네즈 ▸ 12g
- 저당 돈가스소스 ▸ 15g
- 가쓰오부시 ▸ 15g
- 실파 ▸ 5g
- 소금 ▸ 약간
- 후춧가루 ▸ 약간

조리법

① - 두부는 키친타올로 물기를 짠 후 칼등으로 으깬다.
② - 호두는 곱게 다진다.
③ - 두부, 호두, 아몬드가루를 섞은 후 소금, 후춧가루로 간을 한다.
④ - 재료를 3등분으로 나누어 동그랗게 스테이크 모양으로 빚는다.
⑤ - 팬에 올리브오일을 두르고 노릇노릇하게 굽는다.
⑥ - 접시에 담고 마요네즈, 저당 돈가스소스를 뿌리고 가쓰오부시와 송송 썬 실파를 뿌린다.

370 에너지(kcal/1인분)

- 탄수화물 **8.2**g
- 단백질 **17.7**g
- 지방 **29.6**g

비율(%): 9 / 19 / 72

명란달걀말이

재료

달걀 ▶ 3개
명란 ▶ 30g
당근 ▶ 10g
실파 ▶ 5g
검은깨 ▶ 1g
올리브유 ▶ 15g
소금 ▶ 약간
후춧가루 ▶ 약간

조리법

① - 달걀은 잘 풀어 소금, 후춧가루로 간을 해 달걀물을 만든다.
② - 명란은 적당한 크기로 썰고 당근은 다지고 실파는 송송 썰어준다.
③ - 달걀에 당근, 실파, 검은깨를 넣어 잘 섞는다.
④ - 팬에 올리브유를 두르고 달걀을 넓게 편 다음 명란을 군데군데 올려준다.
⑤ - 달걀이 완전히 익기 전에 돌돌 말면서 달걀물을 붓기를 반복한다.

131 에너지(kcal/1인분)

- 탄수화물 **1.1**g
- 단백질 **9.3**g
- 지방 **10.0**g

비율(%): 3 / 28 / 69

반숙달걀장

재료

- 달걀 ▸ 6개
- 실파 ▸ 3g
- 홍고추 ▸ 5g
- 통깨 ▸ 2g
- 참기름 ▸ 5g
- 간장 ▸ 20g
- 맛술 ▸ 10g
- 화인스위트 ▸ 2g
- 물 ▸ 100mL
- 식초 ▸ 1큰술

조리법

① - 달걀은 찬물에 식초 1큰술을 넣고 8분간 삶아서 껍질을 벗긴다.
② - 실파, 홍고추는 송송 썬다.
③ - 간장, 맛술, 화인스위트, 물을 섞어 양념장을 만든다.
④ - 달걀에 양념장을 붓고 실파, 홍고추, 참기름, 통깨를 넣어 양념이 스며들게 한다.

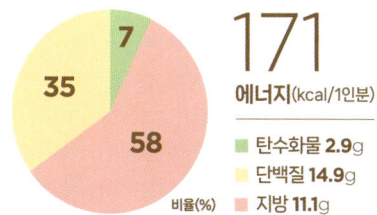

에너지 171 (kcal/1인분)

- 탄수화물 **2.9**g
- 단백질 **14.9**g
- 지방 **11.1**g

비율(%): 7 / 35 / 58

Tip • 3~4시간 정도 지나 양념이 달걀에 배면 먹는다.

연두부달걀찜

재료

- 달걀 ▸ 3개
- 연두부 ▸ 150g
- 실파 ▸ 10g
- 참기름 ▸ 15g
- 통깨 ▸ 1g
- 참치액 ▸ 10g
- 물 ▸ 100mL
- 소금 ▸ 약간
- 후춧가루 ▸ 약간

조리법

① - 달걀은 잘 풀어서 참치액, 소금, 후춧가루를 넣어 간을 한다.
② - 연두부는 숟가락으로 큼직하게 갈라 둔다.
③ - 뚝배기에 물을 넣어 끓이다가 달걀과 연두부를 넣고 뚜껑을 덮어 끓인다.
④ - 끓기 시작하면 불을 뭉근하게 줄여 바닥이 눌어붙지 않도록 살살 저어준 후 다시 뚜껑을 덮어 익힌다.
⑤ - 달걀이 익으면 참기름, 통깨, 송송 썬 실파를 올려 완성한다.

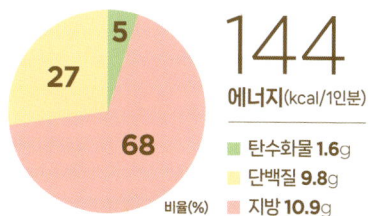

144 에너지(kcal/1인분)

- 탄수화물 **1.6**g
- 단백질 **9.8**g
- 지방 **10.9**g

비율(%): 5 / 27 / 68

영혼까지 따뜻해지는 죽과 스프

황태달걀죽

재료

황태포 ▶ 30g
두부 ▶ 200g
쌀 ▶ 50g
당근 ▶ 30g
애호박 ▶ 40g
달걀 ▶ 3개
참기름 ▶ 30g
깨소금 ▶ 6g
참치액 ▶ 10g
소금 ▶ 약간
물 ▶ 700mL

조리법

① - 황태포는 먹기 좋은 크기로 잘게 자른다.
② - 두부는 칼등으로 으깨고 쌀은 씻어 20분 정도 불린다.
③ - 당근, 애호박은 잘게 다지고 달걀은 잘 풀어준다.
④ - 냄비에 참기름을 두르고 불린 쌀과 황태를 넣어 잘 볶는다.
⑤ - 참기름이 스며들면 물을 넣은 후 끓으면 뭉근한 불에서 쌀알이 퍼지도록 끓인다.
⑥ - 쌀알이 퍼지면 당근, 애호박을 넣고 참치액을 넣는다.
⑦ - 두부와 깨소금을 넣고 소금으로 간을 맞춘다.
⑧ - 달걀을 저어주면서 풀고 한소끔 끓인다.

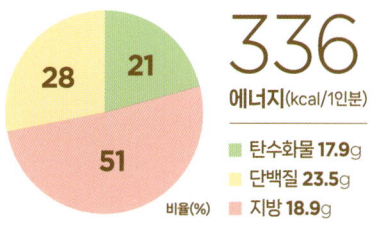

336 에너지(kcal/1인분)
비율(%) 21 / 28 / 51
■ 탄수화물 17.9g
■ 단백질 23.5g
■ 지방 18.9g

Tip • 달걀은 오래 끓이면 단단해지니 부드럽게 살짝 익혀 준다.

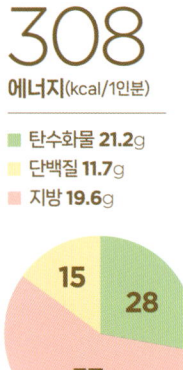

308
에너지(kcal/1인분)

- 탄수화물 **21.2**g
- 단백질 **11.7**g
- 지방 **19.6**g

15 / 28 / 57
비율(%)

견과류죽

재료

쌀 ▶ 50g
대두(흰콩) ▶ 40g
견과류(아몬드, 호두,
땅콩, 잣 등) ▶ 80g
통깨 ▶ 2g
흑임자 ▶ 5g .
소금 ▶ 약간
물 ▶ 700mL

조리법

① - 쌀은 씻어서 20분간 불린다.
② - 대두는 씻어서 2~3시간 불려준다.
③ - 불린 대두와 견과류에 물 200mL를 넣어 곱게 갈아준다.
④ - 불린 쌀에 나머지 물을 넣어 쌀알이 퍼지도록 끓인다.
⑤ - 쌀알이 퍼지면 갈아 놓은 콩과 견과류를 넣고 콩이 익을 때까지 끓인다.
⑥ - 콩이 고소하게 익으면 소금으로 간을 맞추고 통깨와 흑임자를 넣어 섞는다.

Tip • 견과류는 아몬드, 잣, 캐슈너트 등을 기호에 맞게 섞어서 사용해도 된다.

닭죽

재료

삼계탕 닭 ▸ 1마리(850g)
당근 ▸ 30g
부추 ▸ 40g
깨소금 ▸ 4g
참기름 ▸ 15g
소금 ▸ 약간
물 ▸ 500mL

조리법

① - 닭은 뼈를 발라 내고 살코기는 먹기 좋게 찢는다.
② - 당근은 다지고 부추는 송송 썬다.
③ - 삼계탕 속 쌀과 찢은 닭고기를 물에 넣고 푹 퍼지도록 끓인다.
④ - 당근을 넣고 끓인 후 소금으로 간을 맞춘다.
⑤ - 참기름, 깨소금을 넣고 부추를 넣어 섞는다.

291 에너지(kcal/1인분)

- 탄수화물 **14.3g**
- 단백질 **26.3g**
- 지방 **14.3g**

36 / 20 / 44 비율(%)

Tip
- 부추 대신 애호박이나 브로콜리를 다져서 넣어도 된다.
- 생닭을 삶아서 죽을 끓일 때에는 파, 마늘을 넣고 닭고기가 부드러워지게 푹 끓인 후 육수는 거르고 닭고기는 가늘게 찢어서 죽으로 끓인다.

달걀게살수프

재료

달걀 ▶ 2개
게맛살 ▶ 120g
순두부 ▶ 150g
팽이버섯 ▶ 40g
대파 ▶ 20g
참기름 ▶ 20g
국간장 ▶ 15g
저당 굴소스 ▶ 3g
물 ▶ 600mL
소금 ▶ 약간
후춧가루 ▶ 약간

조리법

① - 달걀은 잘 풀어준다.
② - 게맛살은 찢고 팽이버섯, 대파는 먹기 좋게 썬다.
③ - 냄비에 물을 넣고 끓인 뒤 순두부와 국간장, 굴소스, 게맛살을 넣고 끓인다.
④ - 국물이 끓으면 게맛살, 대파, 팽이버섯을 넣고 달걀을 넣어 풀어준다.
⑤ - 참기름, 후춧가루를 넣고 소금으로 간을 맞춘다.

174 에너지(kcal/1인분)

- 탄수화물 5.8g
- 단백질 13.6g
- 지방 10.8g

13 / 31 / 56 비율(%)

Tip • 굴소스를 약간 넣으면 감칠맛이 난다.

315
에너지 (kcal/1인분)

- 탄수화물 **12.8**g
- 단백질 **5.7**g
- 지방 **26.7**g

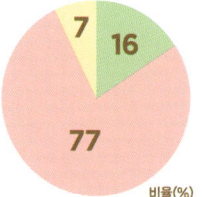

비율(%)

버섯크림수프

재료

버섯(양송이버섯,
새송이버섯) ▶ 250g
양파 ▶ 50g
대파 ▶ 20g
버터 ▶ 30g
밀가루 ▶ 10g
생크림 ▶ 100g
우유 ▶ 100mL
크림치즈 ▶ 40g
물 ▶ 300mL

조리법

① - 버섯은 납작하게 썰고 양파, 대파는 채썬다.
② - 냄비에 버터를 두르고 양파, 대파를 볶다가 버섯을 넣고 볶아준 후 밀가루를 넣고 볶는다.
③ - 물을 넣어 밀가루가 잘 풀어지도록 저어준 뒤 우유를 넣고 끓인다.
④ - 버섯이 부드럽게 익으면 식힌 다음 믹서기나 핸드블랜더로 곱게 갈아준다.
⑤ - 생크림, 크림치즈를 넣어 잘 풀어준 뒤 걸쭉하게 끓여 소금, 후춧가루로 간을 한다.

2장

자꾸 생각나는 일품요리

가벼운 해초면비빔국수, 아이들이 좋아하는 저당마라탕,
집에서 즐기는 양식 함박스테이크 등 외식 기분 내고 싶은 날
맛있게 요리해 주세요.

해초면비빔국수

재료

해초면 ▸ 600g
오징어 ▸ 200g(1마리)
달걀 ▸ 3개
상추 ▸ 50g
오이 ▸ 50g
당근 ▸ 30g
양배추 ▸ 70g
깻잎 ▸ 40g
잣 ▸ 15g
참기름 ▸ 40g
통깨 ▸ 5g

저당 초고추장

고추장 ▸ 60g
식초 ▸ 30g
알룰로스 ▸ 20g
화인스위트 ▸ 2g
양파 ▸ 20g
연겨자 ▸ 5g
통깨 ▸ 20g

조리법

① - 해초면은 씻어서 건진 후 물기를 잘 털어내고 참기름, 통깨를 넣어 버무린다.
② - 오징어는 채 썰어 끓는 물에 소금을 약간 넣고 데쳐서 물기를 제거한다.
③ - 상추, 오이, 당근, 양배추, 깻잎은 채 썬다.
④ - 달걀은 삶아서 껍질을 벗긴 후 4등분한다.
⑤ - 잣은 곱게 다져 저당 초고추장 재료와 섞는다.
⑥ - 준비한 재료를 보기 좋게 담고 초고추장을 곁들인다.

저당 초고추장 만들기
① 양파와 볶은 통깨를 곱게 간다.
② 분량의 재료와 섞어 초고추장을 만든다.

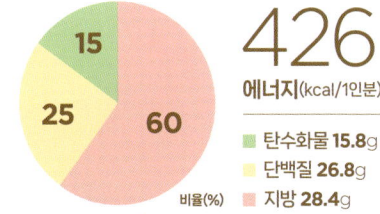

426 에너지(kcal/1인분)
■ 탄수화물 15.8g
■ 단백질 26.8g
■ 지방 28.4g
비율(%) 15 / 25 / 60

③

②

④

우무묵콩국수

재료

우무묵 ▶ 300g
오이 ▶ 50g
대두(건조) ▶ 60g
땅콩 ▶ 50g
잣 ▶ 60g
통깨 ▶ 5g
소금 ▶ 2g
물 ▶ 500mL

조리법

① - 대두는 찬물에 3시간 정도 담가서 불린 후 삶아서 건진다.
② - 우무묵과 오이는 가늘게 채 썬다.
③ - 블랜더에 삶은 콩 삶은 물, 땅콩, 잣을 넣고 곱게 간다.
④ - 소금으로 간을 해서 콩물을 만든다.
⑤ - 우무묵에 콩물을 붓고 오이와 참깨를 올린다

대두(콩) 삶는 법   냄비에 콩을 담고 물 500mL를 붓고 뚜껑을 덮은 뒤 삶는다. 콩에서 고소한 향과 맛이 나면 건져서 사용한다.

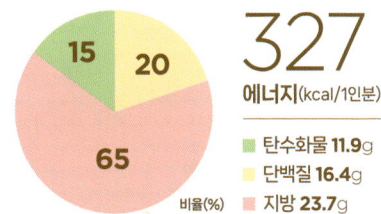

327 에너지(kcal/1인분)

- 탄수화물 **11.9**g
- 단백질 **16.4**g
- 지방 **23.7**g

비율(%): 15 / 20 / 65

두부면 크림치즈파스타

재료

두부면 ▶ 300g
주키니호박 ▶ 200g
베이컨 ▶ 50g
새우살 ▶ 100g
명란젓 ▶ 50g
양송이버섯 ▶ 60g
양파 ▶ 60g
올리브유 ▶ 15g
파마산치즈 ▶ 15g
소금 ▶ 약간
후춧가루 ▶ 약간

크림소스 재료

생크림 ▶ 350g
크림치즈 ▶ 50g
다진 마늘 ▶ 15g
버터 ▶ 10g

조리법

① - 주키니호박은 면처럼 가늘게 채 썰어 끓는 물에 데친 후 물기를 뺀다.
② - 베이컨은 먹기 좋게 썰고 명란젓은 껍질을 벗긴 뒤 으깬다.
③ - 양송이버섯과 양파는 슬라이스한다.
④ - 팬에 올리브유를 두르고 베이컨과 새우를 볶다가 양파, 양송이버섯을 넣고 볶는다.
⑤ - 4에 크림소스 재료를 넣고 끓이다가 명란젓을 넣어 풀어준다.
⑥ - 두부면과 주키니호박을 넣어 끓인다.
⑦ - 소금, 후춧가루로 간을 하고 파마산치즈를 뿌린다.

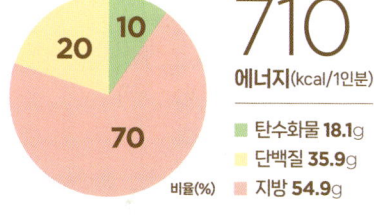

710 에너지(kcal/1인분)

비율(%)
- 탄수화물 18.1g (10)
- 단백질 35.9g (20)
- 지방 54.9g (70)

포두부 라자냐

재료

포두부 ▸ 100g
새송이버섯 ▸ 100g(2개)
가지 ▸ 140g(1개)
피자치즈 ▸ 70g
올리브 ▸ 30g
올리브유 ▸ 40g
소금 ▸ 약간
후춧가루 ▸ 약간

미트소스 재료

소고기(다짐육) ▸ 200g
토마토홀 ▸ 200g
다진 마늘 ▸ 25g
올리브유 ▸ 15g
소금 ▸ 약간
후춧가루 ▸ 약간

화이트소스 재료

리코타치즈 ▸ 100g
파마산치즈 ▸ 30g
달걀 ▸ 1.5개(80g)
소금 ▸ 약간
후춧가루 ▸ 약간
파슬리가루 ▸ 약간

조리법

① - 포두부는 물기를 제거한다.
② - 새송이버섯, 가지는 납작하게 썬다.
③ - 올리브는 슬라이스한다.
④ - 팬에 올리브유를 두르고 가지, 새송이버섯을 노릇노릇하게 구워 소금, 후춧가루로 간을 한다.
⑤ - 팬에 포두부, 새송이버섯, 가지를 펴서 담고 미트소스와 화이트소스를 번갈아 켜켜로 담는다.
⑥ - 마지막에 피자치즈와 올리브를 올리고 뚜껑을 덮어 치즈가 녹도록 익힌다.

미트소스 만들기
① 팬에 올리브유를 두르고 다진 마늘과 소고기를 넣어 볶는다.
② 토마토홀을 넣어 으깨면서 걸쭉하게 끓인 후 소금, 후춧가루로 간을 한다.

화이트소스 만들기
준비한 재료를 섞어서 소금, 후춧가루로 간을 한다.

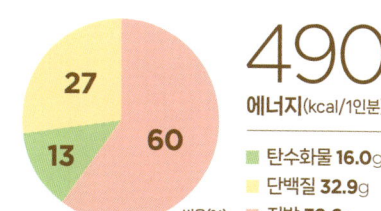

490 에너지(kcal/1인분)
탄수화물 16.0g
단백질 32.9g
지방 32.6g
비율(%) 60 / 27 / 13

들기름막국수

재료

메밀곤약면 ▸ 400g
닭안심 ▸ 200g
김 ▸ 2g
깨 ▸ 10g
실파 ▸ 10g

양념 재료

들기름 ▸ 40g
간장 ▸ 30g
화인스위트 ▸ 1g
맛술 ▸ 5g
소금 ▸ 약간
후춧가루 ▸ 약간

조리법

① - 메밀곤약면은 씻어서 물기를 제거한다.
② - 닭가슴살은 삶은 후 결대로 찢는다.
③ - 김은 채 썬다.
④ - 양념 재료를 모두 섞는다.
⑤ - 메밀곤약면에 닭가슴살을 넣고 양념을 넣어 버무린 후 김과 깨, 실파를 송송 썰어 뿌린다.

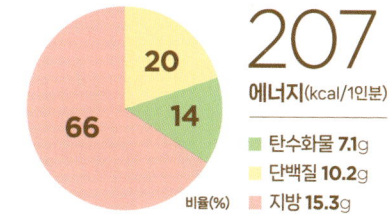

207
에너지(kcal/1인분)
■ 탄수화물 7.1g
■ 단백질 10.2g
■ 지방 15.3g
비율(%) 66 / 20 / 14

Tip • 익힌 닭가슴살을 활용해도 된다.

소고기분짜

재료

- 곤약면 ▶ 150g
- 소고기 ▶ 300g
- 샐러드채소 ▶ 100g
- 아보카도 ▶ 100g
- 오이 ▶ 50g
- 당근, 레몬 ▶ 20g
- 올리브유 ▶ 20g
- 땅콩 ▶ 24g
- 고수 ▶ 5g

소고기 양념
- 간장 ▶ 30g
- 알룰로스 ▶ 10g
- 다진 파 ▶ 20g
- 다진 마늘 ▶ 10g
- 참기름 ▶ 20g
- 깨 ▶ 5g
- 후춧가루 ▶ 약간

분짜소스
- 물 ▶ 50mL
- 식초 ▶ 20g
- 알룰로스 ▶ 10g
- 피시소스 ▶ 15g
- 다진 양파 ▶ 20g
- 다진 당근 ▶ 10g
- 다진 풋고추 ▶ 5g
- 다진 홍고추 ▶ 5g
- 레몬 ▶ 10g

조리법

① - 곤약면은 씻어서 건진다.
② - 소고기는 먹기 좋은 크기로 썰고 양념 재료를 섞어서 버무린다.
③ - 샐러드채소는 씻어서 먹기 좋게 자른다.
④ - 아보카도는 씨를 제거한 후 슬라이스한다.
⑤ - 오이는 어슷하게 썰고 당근은 채 썬다.
⑥ - 분짜소스 재료를 모두 섞어 소스를 만든다.
⑦ - 팬에 올리브유를 두르고 소고기를 볶는다.
⑧ - 준비한 재료를 모두 담고 땅콩을 다져서 뿌려준다.
⑨ - 레몬은 반달 모양으로 슬라이스한 후 고수와 함께 곁들인다.
⑩ - 분짜 소스를 뿌리거나 재료 등을 소스에 적셔서 먹는다.

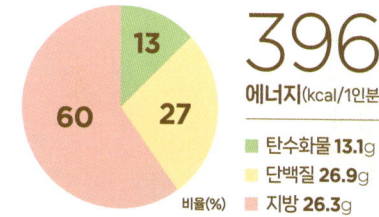

396 에너지(kcal/1인분)
- 탄수화물 13.1g
- 단백질 26.9g
- 지방 26.3g
- 비율(%): 60 / 27 / 13

Tip — 아보카도 씨 제거 방법
① 아보카도는 가운데 씨를 중심으로 돌려가며 칼집을 넣는다.
② 양손으로 과육을 비틀어 가른 후 씨를 제거한다.
③ 숟가락을 껍질과 과육 사이에 넣어 들어 올리듯 과육을 분리한다.

매콤닭볶음면

재료

두부면 ▸ 200g
닭다리살 ▸ 200g
양파 ▸ 100g
파프리카 ▸ 70g
실파 ▸ 30g
통깨 ▸ 4g
땅콩기름 ▸ 25g

양념 재료

저당 불닭소스 ▸ 15g
알룰로스 ▸ 10g
저당 굴소스 ▸ 5g
참기름 ▸ 20g
다진 마늘 ▸ 30g
소금 ▸ 약간
후춧가루 ▸ 약간

조리법

① - 두부면은 건져서 물기를 뺀다.
② - 닭다리살은 1cm 너비로 길쭉하게 채 썬다.
③ - 양파, 파프리카는 채 썰고 실파는 3cm 길이로 썬다.
④ - 양념 재료를 모두 섞는다.
⑤ - 팬에 땅콩기름을 두르고 닭다리살을 볶다가 양파를 넣어 볶는다.
⑥ - 양념을 넣고 볶다가 두부면을 넣어 볶는다.
⑦ - 파프리카와 실파를 넣고 볶은 후 소금, 후춧가루로 간을 한다.

395 에너지(kcal/1인분)

- 탄수화물 **10.8**g
- 단백질 **25.9**g
- 지방 **27.6**g

비율(%): 탄수화물 11, 단백질 26, 지방 63

곤약자장면

재료

곤약면 ▶ 600g
달걀 ▶ 3개
땅콩기름 ▶ 30g
오이 ▶ 30g
통깨 ▶ 6g
참기름 ▶ 15g

자장소스
돼지(목살) ▶ 200g
새우살 ▶ 100g
양파 ▶ 150g
호박씨 ▶ 16g
자장분말 ▶ 45g
고추기름 ▶ 15g
물 ▶ 500mL

조리법

① - 곤약면은 씻어 건진다.
② - 오이는 채를 썬다.
③ - 돼지고기는 큼직하게 썰고 양파는 굵게 다진다.
④ - 팬에 고추기름을 두르고 양파와 돼지고기, 새우를 넣어 볶는다.
⑤ - 물을 넣고 자장분말을 넣어 잘 풀어준 뒤 끓인다.
⑥ - 걸쭉하게 끓으면 호박씨를 다져서 넣어 준다.
⑦ - 다른 팬에 땅콩기름을 두르고 달걀프라이를 한다.
⑧ - 곤약면에 자장소스와 달걀프라이, 오이를 올리고 참기름, 통깨를 뿌린다.

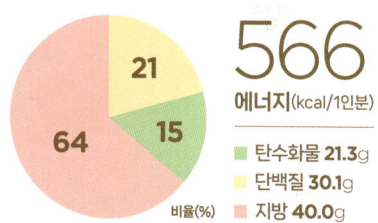

566 에너지(kcal/1인분)

■ 탄수화물 21.3g
■ 단백질 30.1g
■ 지방 40.0g
비율(%)

곤약해물라면

재료

곤약면 ▶ 600g
꽃게 ▶ 150g
조개 ▶ 100g
소고기(차돌박이) ▶ 100g
오징어 ▶ 100g
숙주 ▶ 120g
양파 ▶ 60g
대파 ▶ 30g
물 ▶ 1000mL

양념 재료

저당 굴소스 ▶ 10g
참치액젓 ▶ 30g
고춧가루 ▶ 10g
저당 고추장 ▶ 30g
다진 마늘 ▶ 20g
참기름 ▶ 15g
깨 ▶ 5g
올리브유 ▶ 30g
소금 ▶ 약간
후춧가루 ▶ 약간

조리법

① - 꽃게는 손질하여 먹기 좋게 썬다.
② - 조개는 씻어서 건지고 오징어는 손질하여 먹기 좋게 썬다.
③ - 양파는 채를 썰고, 대파는 송송 썬다.
④ - 팬에 올리브유를 두르고 고춧가루, 고추장, 다진 마늘과 소고기를 볶다가 물을 넣어 끓인다.
⑤ - 꽃게, 조개, 오징어를 넣고 끓인 후 저당 굴소스, 참치액을 넣고 끓인다.
⑥ - 양파, 숙주, 대파를 넣고 소금, 후춧가루로 간을 한다.
⑦ - 곤약면을 넣어 끓인 후 참기름과 깨를 넣는다.

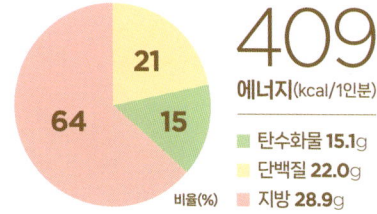

409 에너지(kcal/1인분)

탄수화물 **15.1**g
단백질 **22.0**g
지방 **28.9**g

비율(%) 64 / 21 / 15

Tip • 국물은 3인분을 한꺼번에 끓인 뒤 곤약면과 채소는 1인분씩 넣고 나누어 끓이면 편리하다.

두부면 팟타이

재료

- 두부면 ▶ 400g
- 돼지고기(안심) ▶ 160g
- 새우살 ▶ 100g
- 달걀 ▶ 2개
- 양파 ▶ 100g
- 숙주 ▶ 200g
- 팽이버섯 ▶ 60g
- 다진 땅콩 ▶ 30g
- 고추 플레이크 ▶ 1g
- 올리브유 ▶ 45g
- 다진 마늘 ▶ 20g
- 저당 굴소스 ▶ 10g
- 피시소스 ▶ 20g
- 후춧가루 ▶ 약간

조리법

① - 두부면은 물기를 뺀다.
② - 돼지고기는 채 썰고 달걀은 잘 풀어준다.
③ - 양파는 채 썰고 팽이버섯은 끝부분을 잘라낸 후 찢는다.
④ - 팬에 올리브유를 두르고 달걀로 스크램블드에그를 만든다.
⑤ - 다른 팬에 올리브유를 두르고 다진 마늘과 양파를 넣어 볶다가 돼지고기, 새우살을 넣어 볶는다.
⑥ - 5에 저당 굴소스, 피시소스를 넣고 볶다가 두부면을 넣어 볶는다.
⑦ - 6에 고추플레이크, 숙주와 팽이버섯을 넣어 섞어주듯이 볶는다.
⑧ - 7에 만들어 둔 스크램블드에그를 섞어서 소금, 후춧가루로 간을 한다.
⑨ - 그릇에 담고 다진 땅콩을 뿌린다.

542 에너지(kcal/1인분)

- 탄수화물 **14.3**g
- 단백질 **38.5**g
- 지방 **36.8**g

비율(%): 61 / 28 / 11

Tip • 팟타이는 1인분씩 재료를 나누어 볶아주면 채소를 더 아삭하게 볶아낼 수 있다.

달걀양배추볶음밥

재료

곤약밥(p.100) ▸ 210g(곤약-
습식 200g, 현미 30g)
달걀 ▸ 4개
양배추 ▸ 120g
양파 ▸ 60g
새우살 ▸ 200g
브로콜리 ▸ 120g
검은깨 ▸ 5g
올리브유 ▸ 30g
들기름 ▸ 40g
저당 굴소스 ▸ 8g
소금 ▸ 약간
후춧가루 ▸ 약간

조리법

① - 달걀은 잘 풀어서 올리브유를 두르고 스크램블드에그를 만든다.
② - 양배추, 양파, 브로콜리는 굵게 다진다.
③ - 팬에 들기름을 두르고 양파를 볶다가 새우살, 양배추, 브로콜리를 볶는다.
④ - 새우살이 익으면 저당 굴소스를 넣어 볶다가 곤약밥을 넣고 볶는다.
⑤ - 스크램블드에그를 넣어 볶은 후 소금, 후춧가루로 간을 한다.

454 에너지(kcal/1인분)

- 탄수화물 17.5g
- 단백질 26.1g
- 지방 31g

비율(%): 62 / 23 / 15

가지덮밥

재료

브로콜리 양배추밥(p.98)
▸ 360g(브로콜리 100,
양배추 200, 달걀 2개,
올리브유 15g)
가지 ▸ 150g (1개)
표고버섯 ▸ 40g
돼지고기(다짐육) ▸ 150g
반숙 달걀 ▸ 3개
양파 ▸ 40g
다진 마늘 ▸ 15g
대파 ▸ 20g
올리브유 ▸ 40g
통깨 ▸ 2g
녹말물(녹말가루 5g, 물10g)
소금 ▸ 약간
후춧가루 ▸ 약간

양념 재료
두반장 ▸ 15g
간장 ▸ 5g
저당 굴소스 ▸ 10g
알룰로스 ▸ 5g
참기름 ▸ 5g

조리법

① - 가지는 반으로 갈라 어슷하게 썬다.
② - 표고버섯은 채 썬다.
③ - 양파와 대파는 굵게 다진다.
④ - 양념 재료를 섞어서 준비한다.
⑤ - 팬에 올리브유를 두르고 먼저 양파와 대파를 볶는다.
⑥ - 5에 다진 마늘, 돼지고기를 넣어 볶은 후 가지를 넣어 볶는다.
⑦ - 6에 녹말물을 넣어 걸쭉하게 만든 후 소금, 후춧가루로 간을 한다.
⑧ - 브로콜리 양배추밥에 7을 올리고 반숙 달걀을 곁들인다.

477 에너지(kcal/1인분)
비율(%) 21 / 13 / 66
탄수화물 **15.9**g
단백질 **25.4**g
지방 **34.7**g

Tip
• 녹말가루와 물은 미리 섞어서 녹말물을 만들어 둔다.
• 표고버섯 대신 새송이버섯을 사용해도 된다.

오징어버터볶음밥

재료

두부밥(p.99) ▸ 420g
(두부 400g, 당근 25g,
퀴노아 25g, 참기름 20g)
오징어 ▸ 200g
브로콜리 ▸ 80g
당근 ▸ 20g
양파 ▸ 60g
올리브유 ▸ 20g
땅콩버터 ▸ 10g
버터 ▸ 25g
통깨 ▸ 4g
소금 ▸ 약간
후춧가루 ▸ 약간

조리법

① - 오징어는 손질하여 잘게 썬다.
② - 브로콜리, 당근, 양파는 굵게 다진다.
③ - 팬에 올리브유를 두르고 먼저 채소를 넣어 볶는다.
④ - 3에 오징어를 넣고 볶다가 땅콩버터와 버터를 넣어 볶는다.
⑤ - 4에 두부밥을 넣어 볶는다.
⑥ - 소금, 후춧가루로 간을 하고 통깨를 넣는다.

450 에너지(kcal/1인분)

- 탄수화물 **15.6**g
- 단백질 **28.9**g
- 지방 **30.2**g

비율(%): 60 / 26 / 14

콜리플라워달걀볶음밥

재료

콜리플라워밥(p.96)
▸ 400g(콜리플라워 500g, 올리브유 20g)
달걀 ▸ 6개
마요네즈 ▸ 12g
파프리카 ▸ 50g
땅콩기름 ▸ 25g
간장 ▸ 20g
소금 ▸ 약간
후춧가루 ▸ 약간

곁들임 채소
샐러드채소 ▸ 50g
발사믹식초 ▸ 5g

조리법

① - 달걀에 마요네즈를 넣어 풀어준다.
② - 1에 콜리플라워밥을 넣어 잘 섞는다.
③ - 파프리카는 다진다.
④ - 팬에 땅콩기름을 두르고 콜리플라워밥을 볶아서 간장으로 간을 한다.
⑤ - 4에 파프리카를 넣어 볶아 주고 소금, 후춧가루로 간을 한다.
⑥ - 그릇에 볶음밥을 담고 샐러드 채소를 곁들인 후 발사믹식초를 뿌린다.

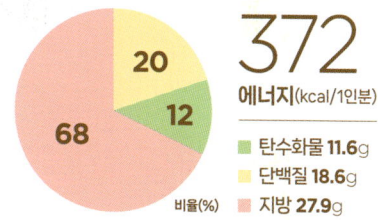

372 에너지(kcal/1인분)
■ 탄수화물 11.6g
■ 단백질 18.6g
■ 지방 27.9g
비율(%)

스테이크 마늘솥밥

재료

잡곡쌀 ▸ 50g
곤약쌀(습식) ▸ 200g
소고기(등심) ▸ 300g
마늘 ▸ 20g
표고버섯 ▸ 40g
전복 ▸ 200g
달걀 ▸ 1개
당근 ▸ 20g
다진 실파 ▸ 20g
통깨 ▸ 4g
올리브유 ▸ 15g
소금 ▸ 약간
후춧가루 ▸ 약간

양념장 재료

간장 ▸ 15g
통깨 ▸ 2g
다진 실파 ▸ 10g
참기름 ▸ 10g

조리법

① - 곤약쌀은 2~3번 정도 헹궈 물기를 제거하고, 잡곡쌀은 씻어서 30분 정도 불린 후 곤약쌀과 섞는다.
② - 소고기는 소금, 후춧가루로 간을 해서 준비하고, 전복은 손질하여 잔 칼집을 넣는다.
③ - 마늘은 편으로 썰고 표고버섯, 당근은 채 썬다.
④ - 달걀은 지단을 부쳐 곱게 채 썬다.
⑤ - 팬에 올리브유를 두르고 마늘을 볶다가 소고기, 전복을 넣어 굽고 적당히 익으면 먹기 좋은 크기로 썰어 둔다.
⑥ - 냄비에 쌀과 볶은 마늘, 표고버섯, 당근을 올리고 물을 넣어 밥을 짓는다.
⑦ - 뜸이 들 때 소고기와 전복을 올린다.
⑧ - 분량의 재료를 섞어 양념장을 만든다.
⑨ - 밥을 섞어서 그릇에 담고 지단을 올린 후 실파, 통깨를 뿌려 양념장과 같이 담아낸다.

523 에너지 (kcal/1인분)

- 탄수화물 **20.2**g
- 단백질 **25.9**g
- 지방 **37.7**g

비율(%): 65 / 20 / 15

Tip
• 전복 손질법 : 솔로 전복을 잘 문질러 씻은 뒤 숟가락으로 껍질과 전복살 사이를 분리하여 내장을 떼어낸다. 한쪽 끝에 붙어 있는 전복의 이빨을 칼끝으로 자른 다음 씻는다.

아보카도명란덮밥

재료

잡곡쌀 ▶ 45g
곤약쌀(습식) ▶ 200g
아보카도 ▶ 200g
명란 ▶ 120g
달걀 ▶ 3개
대하 ▶ 200g
코코넛롱 ▶ 15g
김가루 ▶ 2g
통깨 ▶ 6g
땅콩 ▶ 10g
올리브유 ▶ 25g

조리법

① - 곤약쌀은 2~3번 정도 헹궈 물기를 제거한다.
② - 잡곡쌀은 씻어서 30분 정도 불리고 곤약쌀과 섞어서 물을 부어 밥을 짓는다.
③ - 아보카도는 껍질과 씨를 뺀 다음 슬라이스하고 명란은 먹기 좋은 크기로 썬다.
④ - 팬에 올리브유를 두르고 달걀프라이를 만든다.
⑤ - 그릇에 밥을 담고 아보카도와 명란을 올린 후 달걀프라이를 곁들인다.
⑥ - 참기름, 통깨를 뿌리고 땅콩을 으깬 다음 김가루와 함께 고명으로 얹는다.
⑦ - 대하는 껍질째 구워서 곁들이고 코코넛롱은 팬에 볶아서 새우에 뿌려준다.

536
에너지(kcal/1인분)

■ 탄수화물 21.3g
■ 단백질 27.1g
■ 지방 38.1g
비율(%)

참치마요덮밥

재료

곤약밥(p.100) ▶
200g(곤약쌀-습식 140g, 현미 30g)
참치(통조림) ▶ 200g
달걀 ▶ 3개
양배추 ▶ 50g
샐러드채소 ▶ 40g
마요네즈 ▶ 35g
저당 돈가스소스 ▶ 15g
올리브유 ▶ 25g
통깨 ▶ 4g
소금 ▶ 약간
후춧가루 ▶ 약간

조리법

① - 참치는 기름기를 빼고 대충 으깬다.
② - 달걀은 소금, 후춧가루로 간을 한 후 팬에 올리브유을 두르고 스크램블드에그를 만든다.
③ - 양배추는 곱게 채 썰고 샐러드채소는 먹기 좋게 자른다.
④ - 곤약밥을 그릇에 담고 양배추와 샐러드 채소를 올리고 참치와 스크램블드에그를 올린다.
⑤ - 마요네즈와 저당 돈가스소스를 골고루 뿌린 후 통깨를 뿌린다.

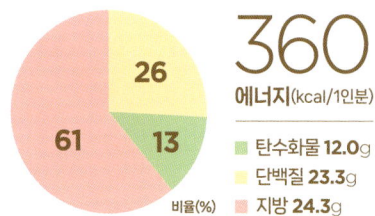

360 에너지(kcal/1인분)

- 탄수화물 **12.0**g
- 단백질 **23.3**g
- 지방 **24.3**g

비율(%): 61 / 26 / 13

소고기콜리플라워컵밥

재료

콜리플라워밥(p.96) ▸ 300g(콜리플라워 400g, 올리브유 15g)
소고기(다짐육) ▸ 200g
달걀 ▸ 3개
시금치 ▸ 60g
당근 ▸ 30g
통깨 ▸ 4g
참기름 ▸ 10g
올리브유 ▸ 5g
소금 ▸ 약간
후추 ▸ 약간

양념 재료
간장 ▸ 20g
알룰로스 ▸ 10g
다진 파 ▸ 20g
다진 마늘 ▸ 10g
참기름 ▸ 20g
깨소금 ▸ 5g
후춧가루 ▸ 약간

조리법

① - 소고기에 양념 재료를 넣어 버무린 뒤 팬에 볶아서 식힌다.
② - 당근은 곱게 다지고, 시금치는 데쳐서 먹기 좋게 자른 후 소금, 참기름으로 간을 한다.
③ - 콜리플라워밥에 통깨를 넣어 섞는다.
④ - 달걀은 소금, 후춧가루로 간을 한 후 팬에 올리브유를 두르고 스크램블드에그를 만든다.
⑤ - 컵에 콜리플라워밥, 시금치, 소고기, 당근, 스크램블드에그 순으로 켜켜이 담는다.

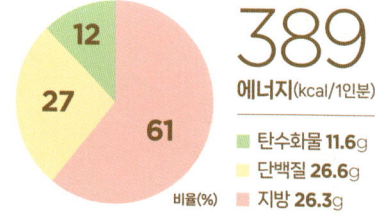

389 에너지(kcal/1인분)
■ 탄수화물 11.6g
■ 단백질 26.6g
■ 지방 26.3g
비율(%): 12, 27, 61

버터치킨커리덮밥

재료

곤약밥(p.100) ▶ 200g
(곤약 140g, 현미 30g)
닭고기(다리살) ▶ 350g
삶은 메추리알 ▶ 12개
양파 ▶ 100g
버터 ▶ 40g
다진 마늘 ▶ 20g
토마토(홀) ▶ 150g
생크림 ▶ 100g
올리브유 ▶ 25g
고형카레 ▶ 25g
소금 ▶ 약간
후춧가루 ▶ 약간

닭고기 양념
카레가루 ▶ 5g
강황가루 ▶ 5g
파프리카가루 ▶ 2g

조리법

① - 닭고기는 먹기 좋은 크기로 썰어서 양념에 10분 정도 재워 둔다.
② - 양파는 채 썬다.
③ - 팬에 올리브유를 두르고 양파와 다진 마늘을 볶다가 닭고기를 넣어 굽는다.
④ - 생크림과 토마토홀을 넣고 고형카레, 버터를 넣어 끓인다.
⑤ - 닭고기가 익으면 닭고기는 건져내고 나머지는 블랜더에 갈아준다.
⑥ - 닭고기와 메추리알을 넣어 다시 한 번 끓여 준 후 곤약밥에 곁들인다.

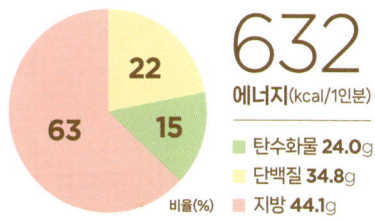

632 에너지(kcal/1인분)
탄수화물 24.0g
단백질 34.8g
지방 44.1g
비율(%) 63 / 22 / 15

③ ④

Tip • 파프리카, 버섯, 가지 등의 구운 채소를 곁들여도 좋다.

김치두부오므라이스

재료

달걀 ▸ 4개
두부 ▸ 300g
콜리플라워밥(p.96) ▸ 100g
(콜리플라워 130g, 올리브오일 5g)
김치 ▸ 100g
양파 ▸ 60g
저당 토마토케첩 ▸ 30g
참기름 ▸ 20g
올리브유 ▸ 30g
소금 ▸ 약간
후춧가루 ▸ 약간

조리법

① - 달걀은 잘 풀어서 소금, 후춧가루로 간을 한다.
② - 두부는 키친타올로 물기를 제거하고 칼등으로 곱게 으깬다.
③ - 양파는 다지고, 김치는 물기를 짠 후 다진다.
④ - 팬에 참기름을 두르고 김치와 양파를 볶다가 두부, 콜리플라워밥을 넣어 볶는다.
⑤ - 4에 토마토케첩을 넣고 소금, 후춧가루로 간을 한다.
⑥ - 달걀은 올리브유를 두르고 얇게 부친 후 볶은 재료를 나누어 넣고 말아서 오므라이스를 만든다.

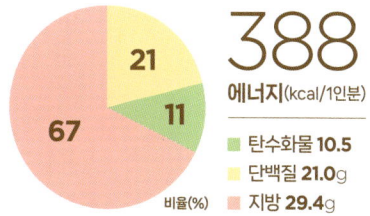

388
에너지(kcal/1인분)

21
11
67
비율(%)

■ 탄수화물 10.5
■ 단백질 21.0g
■ 지방 29.4g

달걀피자

재료

- 달걀 ▸ 6개
- 저당 토마토케첩 ▸ 60g
- 올리브 ▸ 30g
- 양파 ▸ 50g
- 파프리카 ▸ 50g
- 마늘 ▸ 30g
- 소시지 ▸ 60g
- 피자치즈 ▸ 80g
- 버터 ▸ 20g
- 소금 ▸ 약간
- 후춧가루 ▸ 약간

조리법

① - 올리브는 동그랗게 썰고 양파, 파프리카는 굵게 다진다.
② - 소시지는 먹기 좋게 썬다.
③ - 직경 12cm 프라이팬에 버터를 녹인 후 달걀 2개를 깨뜨려 넣고 노른자를 터뜨린다.
④ - 달걀에 소금, 후춧가루를 뿌리고 저당 토마토케첩, 올리브, 양파, 파프리카, 소시지를 3등분으로 나누어 올린다.
⑤ - 피자치즈를 올리고 불을 줄인 후 뚜껑을 덮어 치즈를 녹인다.

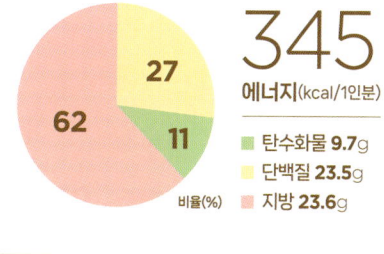

345 에너지(kcal/1인분)
- 탄수화물 **9.7**g
- 단백질 **23.5**g
- 지방 **23.6**g

비율(%): 62 / 27 / 11

Tip • 파슬리나 실파를 뿌려도 좋다.

밥전

재료

- 잡곡밥 ▶ 70g
- 달걀 ▶ 3개
- 두부 ▶ 80g
- 새우살 ▶ 150g
- 양파 ▶ 40g
- 애호박 ▶ 40g
- 당근 ▶ 20g
- 표고버섯 ▶ 20g
- 호두 ▶ 16g
- 올리브유 ▶ 40g
- 검은깨 ▶ 2g
- 소금 ▶ 약간
- 후춧가루 ▶ 약간

조리법

① - 달걀은 잘 풀어주고 두부는 칼등으로 곱게 으깬다.
② - 새우살, 양파, 애호박, 당근, 표고버섯, 호두는 다진다.
③ - 밥에 두부와 새우살, 다진 채소, 호두, 검은깨를 넣어 잘 섞는다.
④ - 달걀을 넣어 잘 풀어주고 소금, 후춧가루로 간을 맞춘다.
⑤ - 팬에 올리브유를 두르고 한 수저씩 떠서 노릇노릇하게 지져준다.

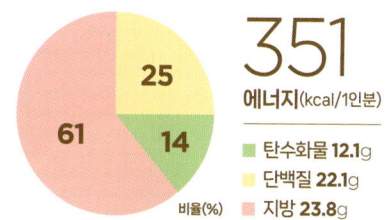

351 에너지(kcal/1인분)
- 탄수화물 12.1g
- 단백질 22.1g
- 지방 23.8g

비율(%): 61, 25, 14

Tip
- 채소는 브로콜리, 파프리카, 가지, 여러 가지 버섯 등을 활용해도 된다.
- 새우살 대신 오징어, 낙지, 연어, 흰살 생선 등을 활용해도 된다.

순두부프리타타

재료

- 달걀 ▸ 4개
- 순두부 ▸ 100g
- 양송이버섯 ▸ 50g
- 양파 ▸ 40g
- 브로콜리 ▸ 60g
- 베이컨 ▸ 20g
- 피자치즈 ▸ 60g
- 체다치즈 ▸ 30g
- 버터 ▸ 20g
- 다진 마늘 ▸ 20g
- 소금 ▸ 약간
- 후춧가루 ▸ 약간

조리법

① - 달걀은 잘 풀어 준 후 소금, 후춧가루로 간을 한다.
② - 양송이버섯, 양파, 브로콜리, 베이컨은 먹기 좋은 크기로 썬다.
③ - 끓는 물에 소금을 약간 넣고 브로콜리를 데쳐서 찬물에 헹군 후 물기를 제거한다.
④ - 팬에 버터를 두르고 베이컨을 볶다가 다진 마늘, 양송이, 양파를 볶은 후 소금, 후춧가루로 간을 한 뒤 브로콜리를 넣어 볶는다.
⑤ - 오븐용기에 순두부를 잘라서 담고 볶아둔 채소와 달걀물을 부어서 섞어 둔다.
⑥ - 피자치즈와 체다치즈를 골고루 뿌려 준 후 180℃ 의 오븐에서 15분 정도 구워준다.

272 에너지 (kcal/1인분)

- 29
- 61
- 10

비율(%)

- 탄수화물 **7.2**g
- 단백질 **19.9**g
- 지방 **18.6**g

Tip • 프라이팬에 구울 때에는 뚜껑을 덮어서 은근한 불에서 구운 후 뒤집어서 한 번 더 구워준다.

차돌박이볶음과 두부쌈

재료

- 소고기(차돌박이) ▸ 160g
- 포두부 ▸ 200g
- 숙주 ▸ 250g
- 양파 ▸ 80g
- 대파 ▸ 30g
- 마늘 ▸ 60g
- 검은깨 ▸ 5g
- 버터 ▸ 10g
- 올리브유 ▸ 10g
- 저당 굴소스 ▸ 15g
- 소금 ▸ 약간
- 후추 ▸ 약간

조리법

① - 양파와 대파는 채 썰고 마늘은 편으로 썬다.
② - 팬에 버터와 올리브유를 두르고 마늘과 대파를 볶다가 양파를 넣고 볶는다.
③ - 차돌박이를 넣어 센불에서 볶으면서 저당 굴소스를 넣는다.
④ - 3에 숙주를 넣고 아삭하게 볶은 후 소금, 후춧가루로 간을 한다.
⑤ - 넓은 접시에 포두부를 깐 다음 4를 올리고 검은깨를 뿌린 다음 싸서 먹는다.

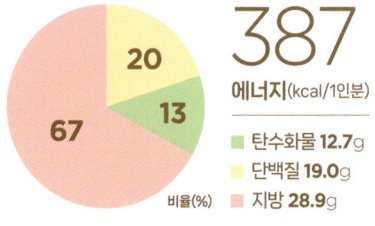

387 에너지(kcal/1인분)
비율(%) 20 / 13 / 67
■ 탄수화물 12.7g
■ 단백질 19.0g
■ 지방 28.9g

Tip • 기호에 따라 가쓰오부시를 뿌려도 된다.

달걀오코노미야키

재료

달걀 ▶ 6개
돼지고기(목살) ▶ 120g
양파 ▶ 60g
양배추 ▶ 150g
실파 ▶ 20g
피자치즈 ▶ 60g
마요네즈 ▶ 25g
저당 돈가스소스 ▶ 20g
올리브유 ▶ 15g
소금 ▶ 약간
후춧가루 ▶ 약간
파슬리가루 ▶ 약간

양념 재료

간장 ▶ 10g
알룰로스 ▶ 5g
맛술 ▶ 10g
다진 마늘 ▶ 10g
후춧가루 ▶ 약간

조리법

① - 달걀은 2개씩 나누어 잘 푼 뒤 소금으로 간을 한다(1인분은 달걀 2개).
② - 돼지고기는 적당한 크기로 썰어서 양념 재료를 넣고 버무린다.
③ - 양파, 양배추는 채 썰고 실파는 송송 썬다.
④ - 팬에 올리브유를 약간만 두르고 양파를 먼저 볶다가 돼지고기를 넣고 볶는다.
⑤ - 볶은 재료와 양배추, 피자치즈는 3등분으로 나눈다.
⑥ - 팬에 올리브유를 두르고 달걀물을 부어준 뒤 약한 불로 줄인다.
⑦ - 달걀이 익기 전에 볶은 양파, 돼지고기를 올리고 피자치즈를 뿌려준 후 양배추를 넓게 펼쳐 올린 다음 달걀말이를 하듯이 돌돌 만다.
⑧ - 7을 그릇에 담고 마요네즈, 저당 돈가스소스를 골고루 뿌려주고 실파, 파슬리가루를 뿌린다.

419 에너지(kcal/1인분)

- 탄수화물 10.1g
- 단백질 26.6g
- 지방 30.2g

비율(%): 65 / 25 / 10

Tip • 양배추는 볶아서 올리거나 생으로 올릴 때에는 곱게 채 썰어 준다. 준비한 재료를 골고루 펼쳐 주어야 돌돌 말기가 좋다.

치킨스테이크

재료

닭가슴살 ▶ 450g
아스파라거스 ▶ 100g
방울토마토 ▶ 80g
밀가루 ▶ 15g
버터 ▶ 25g
올리브유 ▶ 20g
파마산치즈 ▶ 10g
소금 ▶ 약간
후춧가루 ▶ 약간

크림소스
버터 ▶ 30g
크림치즈 ▶ 30g
우유 ▶ 150mL
생크림 ▶ 50g
소금 ▶ 약간
후춧가루 ▶ 약간

조리법

① - 닭가슴살은 반으로 갈라 펼친 뒤 소금, 후춧가루, 올리브유를 약간 뿌린다.
② - 아스파라거스는 필러로 껍질을 얇게 벗겨 내어 끓는 물에 살짝 데쳐서 물기를 제거한다.
③ - 닭가슴살에 밀가루를 앞뒤로 골고루 입힌 뒤 팬에 올리브유와 버터를 두르고 앞뒤로 노릇노릇하게 익혀낸다.
④ - 아스파라거스와 방울토마토도 살짝 구워 소금, 후춧가루로 간을 한다.
⑤ - 구운 닭가슴살과 아스파라거스, 방울토마토를 곁들이고 크림소스를 뿌린다.

크림소스 만들기 닭가슴살을 구운 팬에 버터를 두르고 다진 마늘을 볶은 뒤 크림치즈, 우유, 생크림을 넣어 끓인 후 소금, 후춧가루로 간을 한다.

530 에너지(kcal/1인분)
- 탄수화물 12.6g
- 단백질 39.7g
- 지방 35.7g

비율(%): 61 / 30 / 9

달걀반세오

재료

- 달걀 ▸ 3개
- 코코넛밀크 ▸ 30g
- 밀가루 ▸ 10g
- 돼지고기 ▸ 120g
- 새우살 ▸ 100g
- 숙주 ▸ 120g
- 청경채 ▸ 50g
- 올리브유 ▸ 30g
- 반세오 라이스페이퍼 ▸ 30g
- 저당 칠리소스 ▸ 30g
- 소금 ▸ 약간
- 후춧가루 ▸ 약간

조리법

① - 달걀은 잘 풀어서 소금으로 간을 한다.
② - 코코넛밀크와 밀가루를 잘 섞어서 달걀에 넣어 잘 풀어 준 후 3등분 한다(1인-1개).
③ - 돼지고기는 채 썰고 청경채도 채 썬다.
④ - 팬에 올리브유를 두르고 돼지고기와 새우살을 넣어 볶는다.
⑤ - 4에 청경채를 넣어 볶다가 숙주를 넣고 살짝 볶은 후 소금, 후춧가루로 간을 한다.
⑥ - 팬에 준비한 달걀 반죽을 한 국자씩 붓고 얇게 지단처럼 부친 후 속 재료를 나누어 넣고 반으로 접는다.
⑦ - 라이스페이퍼에 달걀반세오를 넣어 돌돌 말아 칠리소스에 찍어 먹는다.

420 에너지(kcal/1인분)

- 탄수화물 13.2g
- 단백질 20.6g
- 지방 31.6g

비율(%): 20 / 13 / 68

Tip • 반세오 라이스페이퍼는 물에 불리지 않고 그대로 먹을 수 있다.

딥핑토마토치즈퐁듀

재료

- 방울토마토 ▶ 100g
- 올리브유 ▶ 35g
- 크림치즈 ▶ 50g
- 스트링치즈 ▶ 50g
- 파르메산치즈 ▶ 20g
- 고다 치즈 ▶ 80g
- 다진 마늘 ▶ 15g
- 다진 바질 ▶ 1g
- 오레가노 ▶ 1g
- 통밀 크래커 ▶ 40g
- 익힌 닭가슴살 ▶ 200g
- 소금 ▶ 약간
- 후춧가루 ▶ 약간

조리법

① - 방울토마토는 반으로 갈라 팬에 올리브유를 두르고 볶다가 소금, 후춧가루로 간을 한다.
② - 오븐용기에 볶은 방울토마토를 담고 다진 마늘, 다진 바질, 오레가노를 섞어서 담는다.
③ - 방울토마토에 크림치즈, 스트링치즈, 파르메산치즈, 고다치즈를 섞어서 담는다.
④ - 3을 예열한 200℃의 오븐에서 10~12분간 굽는다.
⑤ - 익힌 닭가슴살은 적당한 크기로 자르고 통밀크래커와 함께 곁들인다.
⑥ - 닭가슴살과 통밀크래커를 치즈퐁듀에 찍어서 먹는다.

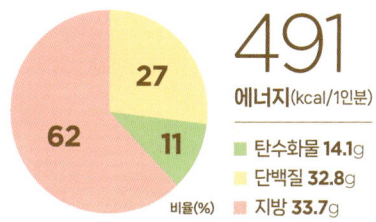

491 에너지(kcal/1인분)
- 탄수화물 14.1g
- 단백질 32.8g
- 지방 33.7g

비율(%): 62 / 27 / 11

Tip
- 스트링치즈 대신 모차렐라치즈를 사용해도 된다.
- 전자레인지에서는 치즈가 녹도록 2~3분간 익힌다.
- 닭가슴살을 익힐 때에는 소금, 후춧가루, 올리브유를 뿌린 다음 팬에 앞뒤로 노릇노릇하게 구워서 사용한다.

곤약로제떡볶이

재료

곤약떡(떡볶이용) ▸ 360g
달걀 ▸ 2개
메추리알(삶은 것) ▸ 7개
프랑크소시지 ▸ 80g
생크림 ▸ 80g
슬라이스치즈 ▸ 30g
모차렐라치즈 ▸ 40g
통깨 ▸ 2g
소금 ▸ 약간
후춧가루 ▸ 약간

양념 재료

저당 고추장 ▸ 40g
고춧가루 ▸ 5g
알룰로스 ▸ 30g
저당 굴소스 ▸ 10g
간장 ▸ 10g
물 ▸ 400mL

조리법

① - 곤약떡은 물에 씻어 건진다.
② - 달걀은 삶아서 껍데기를 벗긴다.
③ - 물에 양념 재료를 넣고 끓인 후 곤약떡과 달걀, 메추리알을 넣어 끓인다.
④ - 생크림과 슬라이스치즈를 넣어 걸쭉하게 끓으면 프랑크소시지를 넣어 끓인 뒤 소금, 후춧가루로 간을 한다.
⑤ - 통깨를 뿌린 다음 모차렐라치즈를 넣고 뚜껑을 덮어 치즈를 녹인다.

334 에너지(kcal/1인분)

- 탄수화물 **9.9**g
- 단백질 **17.6**g
- 지방 **24.8**g

비율(%): 67 / 21 / 12

저당마라탕

재료

- 소고기(우삼겹) ▸ 240g
- 포두부 ▸ 60g
- 분모자 ▸ 50g
- 새우 ▸ 100g
- 배추 ▸ 60g
- 숙주 ▸ 100g
- 청경채 ▸ 50g
- 느타리버섯 ▸ 40g
- 삶은 메추리알 ▸ 7개
- 통깨 ▸ 2g
- 저당 마라소스 ▸ 40g
- 사골육수(시판용 가능) ▸ 800mL
- 소금 ▸ 약간
- 후춧가루 ▸ 약간

조리법

① - 포두부와 분모자는 먹기 좋은 크기로 썬다.
② - 배추와 청경채, 느타리버섯은 큼직하게 썬다.
③ - 사골육수에 저당 마라소스를 넣고 끓인다.
④ - 소고기 우삼겹, 포두부, 분모자, 새우, 배추, 청경채, 버섯, 메추리알을 국물에 넣고 끓인다.
⑤ - 배추가 부드럽게 익으면 숙주를 넣어 끓이고 소금, 후춧가루로 간을 한다.
⑥ - 그릇에 담고 통깨를 뿌린다.

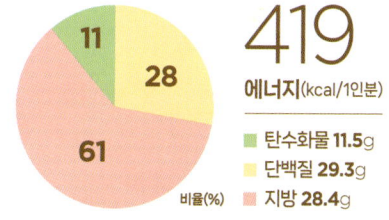

419 에너지(kcal/1인분)

- 탄수화물 11.5g
- 단백질 29.3g
- 지방 28.4g

비율(%): 11 / 28 / 61

Tip • 재료와 국물을 1인분씩 나누어 각각 끓여도 된다.

오븐구이 돈가스정식

재료

돼지고기(등심) ▶ 360g
피자치즈 ▶ 60g
아몬드가루 ▶ 20g
달걀 ▶ 1개
코코넛롱 ▶ 60g
양배추 ▶ 100g
토마토 ▶ 40g
현미밥 ▶ 100g
올리브유 ▶ 15g
저당 깨소스 ▶ 30g
저당 돈가스소스 ▶ 80g
소금 ▶ 약간
후춧가루 ▶ 약간

조리법

① - 돼지고기는 돈가스용으로 준비하여 칼집을 넣고 소금, 후춧가루를 뿌린다.
② - 양념한 돼지고기는 아몬드가루, 달걀물을 입힌 후 코코넛롱을 골고루 묻힌다.
③ - 올리브유를 골고루 뿌린 뒤 예열된 180℃의 오븐에서 10분간 굽는다.
④ - 피자치즈를 돈가스에 올린 뒤 5분 정도 더 구워준다.
⑤ - 양배추는 곱게 채 썰고 토마토는 먹기 좋은 크기로 썬다.
⑥ - 그릇에 돈가스를 담고 돈가스소스를 뿌린다.
⑦ - 양배추와 토마토를 보기 좋게 담고 저당 깨소스를 뿌리고 현미밥을 곁들인다.

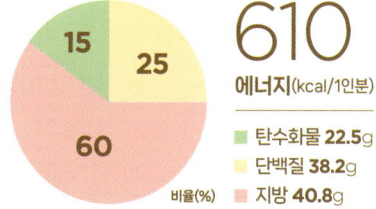

610
에너지(kcal/1인분)

■ 탄수화물 22.5g
■ 단백질 38.2g
■ 지방 40.8g
비율(%)

함박스테이크 정식

재료

- 소고기(다짐육) ▶ 120g
- 돼지고기(다짐육) ▶ 100g
- 달걀 ▶ 4개
- 양파 ▶ 60g
- 올리브유 ▶ 30g
- 곤약밥(p.100) ▶ 100g(곤약 70g, 현미 15g)
- 샐러드채소 ▶ 80g

고기 양념

- 아몬드가루 ▶ 6g
- 다진 마늘 ▶ 15g
- 넛맥 ▶ 약간
- 소금 ▶ 약간
- 후춧가루 ▶ 약간

소스

- 버터 ▶ 20g
- 양송이버섯 ▶ 50g
- 데미글라스 ▶ 100g
- 저당 케첩 ▶ 10g
- 물 ▶ 40mL

조리법

① - 소고기, 돼지고기 다짐육을 잘 섞은 후 고기 양념을 넣어 치댄다.
② - 양파는 곱게 다져 팬에 올리브유를 약간 두르고 볶은 후 식힌다.
③ - 볶은 양파를 양념한 고기에 넣고 달걀 1개를 넣어 잘 치댄다.
④ - 고기를 3등분으로 나누어 동글납작하게 빚은 후 팬에 올리브유를 두르고 앞뒤를 노릇노릇하게 굽는다.
⑤ - 양송이버섯은 납작하게 썬 다음 팬에 버터를 두르고 볶다가 데미글라스, 저당 케첩, 물을 넣어 끓인다.
⑥ - 팬에 올리브유를 두르고 달걀 후라이를 한다.
⑦ - 그릇에 함박스테이크를 올리고 곤약밥, 샐러드채소를 곁들인다.
⑧ - 함박스테이크에 소스를 뿌려주고 달걀프라이를 각각 올린다.

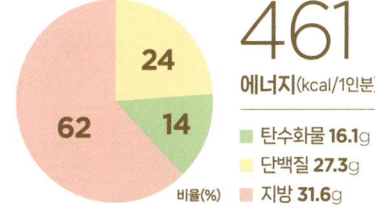

461
에너지(kcal/1인분)

- 탄수화물 16.1g
- 단백질 27.3g
- 지방 31.6g

비율(%): 62 / 24 / 14

치즈샥슈카

재료

- 달걀 ▸ 2개
- 메추리알 ▸ 6개
- 소고기(다진 것) ▸ 120g
- 양송이버섯 ▸ 40g
- 양파 ▸ 40g
- 방울토마토 ▸ 60g
- 토마토홀 ▸ 250g
- 피자치즈 ▸ 40g
- 파마산치즈 ▸ 5g
- 올리브유 ▸ 20g
- 버터 ▸ 10g
- 오레가노 ▸ 1g
- 소금 ▸ 약간
- 후춧가루 ▸ 약간

조리법

① - 양송이버섯은 먹기 좋게 썰고 양파는 굵게 다지며 방울토마토는 반으로 썬다.
② - 팬에 올리브유와 버터를 두르고 양파를 볶다가 소고기를 넣어 볶는다.
③ - 소고기가 익으면 양송이버섯, 방울토마토를 넣어 볶은 뒤 토마토홀을 넣고 끓여 소스를 만든다.
④ - 소스가 끓으면 오레가노를 깨서 넣고 소금, 후춧가루로 간을 한다.
⑤ - 달걀과 메추리알을 소스 중간중간에 깨서 넣고 피자치즈를 올려 치즈가 녹도록 뚜껑을 덮어 익힌 후 파마산치즈를 뿌린다.

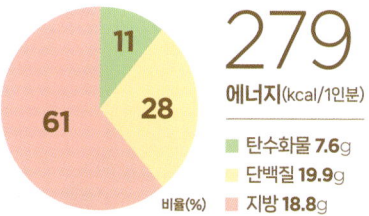

279 에너지(kcal/1인분)

- 탄수화물 **7.6**g
- 단백질 **19.9**g
- 지방 **18.8**g

비율(%): 11 / 28 / 61

연어스테이크

재료

연어(스테이크용) ▶ 300g
크림치즈 ▶ 80g
모차렐라치즈 ▶ 30g
시금치 ▶ 50g
올리브유 ▶ 30g
감자 ▶ 200g
우유 ▶ 200g
버터 ▶ 15g
소금 ▶ 약간
후춧가루 ▶ 약간

조리법

① - 연어는 스테이크용으로 준비하여 1인분씩 잘라서 치즈를 채울 수 있도록 가운데 칼집을 넣고 소금, 후춧가루로 간을 한다.
② - 시금치는 끓는 물에 데쳐 물기를 꼭 짜고 곱게 다진다.
③ - 크림치즈를 부드럽게 저은 다음 모차렐라치즈, 시금치를 넣어 잘 섞고 소금, 후춧가루로 간을 한다.
④ - 연어에 올리브유를 골고루 발라준다.
⑤ - 칼집에 모차렐라치즈를 가득 채워준 후 예열된 200℃의 오븐에서 15분간 구워준다.
⑥ - 감자는 껍질을 벗기고 큼직하게 썬다.
⑦ - 냄비에 우유와 감자를 넣고 끓인다.
⑧ - 감자가 완전히 익으면 꺼내서 으깬 뒤 뜨거울 때 버터를 넣고 소금, 후춧가루로 간을 해 매시드포테이토를 만든다.
⑨ - 익힌 연어스테이크를 담고 매시드포테이토를 곁들인다.

438 에너지(kcal/1인분)

비율(%): 26 / 60 / 14
■ 탄수화물 **15.8**g
■ 단백질 **28.2**g
■ 지방 **29.1**g

해산물그라탕

재료

새우 ▶ 150g
연어 ▶ 150g
베이컨 ▶ 40g
브로콜리 ▶ 80g
양송이버섯 ▶ 40g
올리브유 ▶ 30g
모차렐라치즈 ▶ 50g
소금 ▶ 약간
후춧가루 ▶ 약간

그라탕소스

버터 ▶ 20g
밀가루 ▶ 10g
우유 ▶ 200mL
생크림 ▶ 100g
크림치즈 ▶ 40g
소금 ▶ 약간
후춧가루 ▶ 약간

조리법

① - 연어, 베이컨는 먹기 좋은 크기로 썬다.
② - 양파는 굵게 다지고 브로콜리는 끓는 물에 데쳐서 작은 송이로 자른다. 양송이버섯은 4등분한다.
③ - 팬에 올리브유을 두르고 양파와 베이컨을 볶는다.
④ - 양송이, 새우, 연어를 넣어 볶다가 브로콜리를 넣고 소금, 후춧가루로 간을 한다.
⑤ - 그라탕용기에 볶은 재료를 골고루 섞어서 담고 그라탕소스를 뿌린다.
⑥ - 모차렐라치즈를 뿌리고 예열된 200℃의 오븐에서 10분간 굽는다.

그라탕소스 만들기 버터를 녹이고 밀가루를 볶다가 우유, 생크림, 크림치즈를 넣어 걸쭉하게 끓여 소금, 후춧가루로 간을 한다.

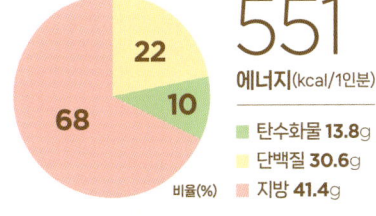

551
에너지 (kcal/1인분)

■ 탄수화물 13.8g
■ 단백질 30.6g
■ 지방 41.4g

비율(%) 68 22 10

3장

소풍 가고 싶어지는 브런치 & 도시락

소풍 가고 싶을 때 먹고 싶은 김밥, 유부초밥, 버거 등을
건강하고 맛있게 만들어 보세요.

참치양배추롤

재료

참치(캔) ▶ 100g
두부 ▶ 120g
달걀 ▶ 2개
양배추 ▶ 250g
해바라기씨 ▶ 10g
참기름 ▶ 20g
깨소금 ▶ 4g
들기름 ▶ 20g
소금 ▶ 약간
후춧가루 ▶ 약간

조리법

① - 참치는 체에 걸러 기름기를 빼고 으깬다.
② - 두부는 칼등으로 으깨고 해바라기씨는 곱게 다진다.
③ - 참치에 두부, 해바라기씨, 참기름, 깨소금을 넣고 소금, 후춧가루로 간을 한다.
④ - 양배추의 두꺼운 줄기 부분을 제거한 후 부드러운 잎을 끓는 물에 소금을 넣고 데쳐서 찬물에 헹군 후 물기를 뺀다.
⑤ - 양배추에 참치 속을 넣어 돌돌 만다.
⑥ - 달걀물을 만들고 말아 놓은 양배추를 담가 달걀옷을 입힌다.
⑦ - 팬에 들기름을 두르고 양배추말이를 골고루 노릇노릇하게 굽는다.
⑧ - 먹기 좋은 크기로 썰어준다.

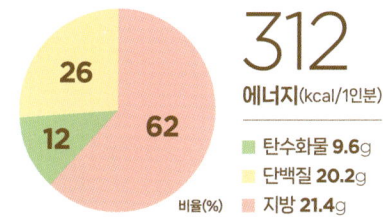

312
에너지 (kcal/1인분)

- 탄수화물 **9.6**g
- 단백질 **20.2**g
- 지방 **21.4**g

비율(%) 62 / 26 / 12

④

⑤

⑦

키토김밥

재료

달걀 ▶ 6개
흑미밥 ▶ 60g
김(김밥용) ▶ 3장
슬라이스햄 ▶ 90g
게맛살 ▶ 60g
당근 ▶ 50g
오이 ▶ 60g
참기름 ▶ 20g
통깨 ▶ 6g
올리브유 ▶ 30g
소금 ▶ 약간
후춧가루 ▶ 약간

조리법

① - 달걀은 소금을 넣고 잘 풀어 준 뒤 지단을 얇게 부쳐 곱게 채 썬다.
② - 흑미밥에 참기름, 통깨를 넣어 잘 섞는다.
③ - 슬라이스햄, 당근, 오이는 각각 채 썰고 게맛살은 손으로 찢는다.
④ - 팬에 올리브유를 두르고 오이, 당근, 슬라이스햄을 각각 볶아서 소금으로 간을 한다.
⑤ - 김에 달걀 지단을 2/3까지 넓게 편다.
⑥ - 흑미밥, 슬라이스햄, 게맛살, 당근, 오이를 지단 위에 올려준 후 돌돌 만다.
⑦ - 먹기 좋은 크기로 썬다.

426 에너지(kcal/1인분)
22
65
13
비율(%)
■ 탄수화물 **13.4**g
■ 단백질 **23.8**g
■ 지방 **30.8**g

Tip
- 지단은 완전히 식으면 곱게 채 썰어진다. 지단이 완전히 식어야 김이 눅눅해지지 않고 잘 말린다.
- 김밥을 만 뒤 김 끝에 물을 약간 묻혀 주면 김이 잘 붙는다.

라이스페이퍼만두

재료

라이스페이퍼 ▸ 40g(9장)
두부 ▸ 150g
돼지고기(다짐육) ▸ 200g
달걀 ▸ 2개
버섯 ▸ 80g
양파 ▸ 60g
실파 ▸ 10g
참기름 ▸ 15g
다진 잣 ▸ 5g
올리브유 ▸ 35g
소금 ▸ 약간
후춧가루 ▸ 약간

양념 재료

간장 ▸ 10g
다진 마늘 ▸ 10g
소금 ▸ 약간
후춧가루 ▸ 약간

조리법

① - 두부는 칼등으로 곱게 으깬 뒤 소금, 후춧가루로 간을 한다.
② - 돼지고기에 양념 재료를 넣어 버무리고 버섯, 당근, 양파는 다진다. 실파는 송송 썬다.
③ - 팬에 올리브유를 약간 두르고 양념한 돼지고기를 넣어 볶는다.
④ - 팬에 나머지 올리브유를 약간 두르고 버섯, 당근, 양파를 볶아서 소금, 후춧가루로 간을 한다.
⑤ - 그릇에 두부를 넣고 달걀을 풀어서 섞어준 뒤 볶아 놓은 재료와 실파, 참기름, 다진 잣을 넣고 만두소를 만든다.
⑥ - 라이스페이퍼를 찬물에 담갔다가 건져 만두소를 가득 채워 돌돌 말아준다.
⑦ - 팬에 올리브유를 두르고 라이스페이퍼만두를 앞뒤로 노릇노릇하게 지진다.

454 에너지(kcal/1인분)
22
15
63
비율(%)

탄수화물 17.1g
단백질 24.4g
지방 32.0g

Tip • 라이스페이퍼가 부족하다면 만두소를 동그랗게 빚어서 굴림 만두처럼 만든다.

콜리플라워김밥

재료

콜리플라워밥(p.96) ▸ 240g
(콜리플라워 300g, 올리브유 15g, 소금2g)

달걀 ▸ 6개
햄 ▸ 100g
당근 ▸ 50g
김(김밥용) ▸ 3장
올리브유 ▸ 25g
소금 ▸ 약간

조리법

① - 달걀은 잘 풀어서 소금으로 간을 한다.
② - 햄은 얇게 썰어 팬에 노릇노릇하게 지진다.
③ - 팬에 올리브유를 두른 다음 달걀물을 붓고 햄을 달걀 위에 깐다.
④ - 햄 위에 콜리플라워밥을 올려 달걀말이 하듯이 만다.
⑤ - 김 위에 달걀말이를 올려 돌돌 말아 먹기 좋은 크기로 썬다.

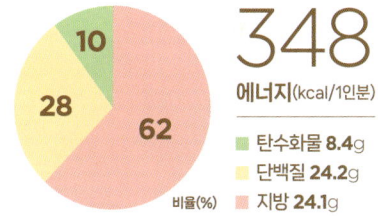

348
에너지(kcal/1인분)

■ 탄수화물 **8.4**g
■ 단백질 **24.2**g
■ 지방 **24.1**g

비율(%): 10 / 28 / 62

Tip • 김 대신 감태를 사용해도 좋다.

두부유부초밥

재료

흑미밥 ▸ 90g(흑미 5g, 쌀 35g)
두부 ▸ 300g
유부 ▸ 200g(약 24장)
견과류 ▸ 10g
마른 톳 ▸ 3g
참기름 ▸ 20g
깨소금 ▸ 5g
소금 ▸ 약간

톳조림 양념
간장 ▸ 20g
알룰로스 ▸ 5g
참기름 ▸ 5g

조리법

① - 두부는 칼등으로 으깨어 참기름, 깨소금을 넣어 섞어 준다.
② - 견과류는 곱게 다진다.
③ - 마른 톳은 찬물에 불려서 물기를 빼고 양념을 넣어 조린다.
④ - 두부에 흑미밥과 톳조림, 견과류를 넣어 잘 섞는다.
⑤ - 유부에 두부밥을 넣어 잘 채워준다.

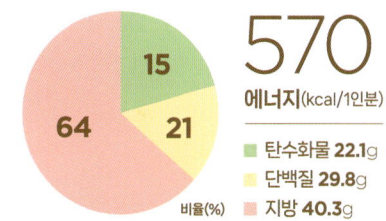

570 에너지(kcal/1인분)

■ 탄수화물 22.1g
■ 단백질 29.8g
■ 지방 40.3g
비율(%)

③

④

당근라페유부롤

재료

유부(직사각형) ▶ 240g
당근 ▶ 150g
달걀 ▶ 3개
샐러드채소 ▶ 100g
올리브유 ▶ 10g

당근라페 양념
소금 ▶ 2g
씨겨자 ▶ 4g
레몬즙 ▶ 10g
알룰로스 ▶ 10g

조리법

① - 유부는 넓게 펼쳐지는 것으로 준비한다.
② - 당근은 채 썰어 소금에 10분 정도 절인 뒤 물기를 짜고 나머지 양념을 넣고 버무린다.
③ - 달걀은 잘 풀어서 팬에 올리브오일을 두르고 얇게 지단을 부쳐서 식으면 채 썬다.
④ - 유부에 샐러드채소를 깔고 달걀 지단과 당근을 올리고 돌돌 말아준다.

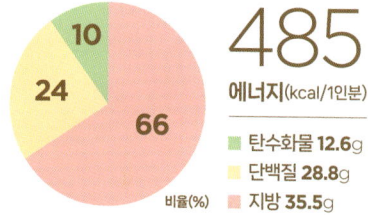

485
에너지(kcal/1인분)

■ 탄수화물 **12.6**g
■ 단백질 **28.8**g
■ 지방 **35.5**g

비율(%)

치즈케사디야

재료

멕시칸치즈 ▸ 150g
닭가슴살 ▸ 150g
양파 ▸ 80g
피망 ▸ 30g
올리브유 ▸ 30g
소금 ▸ 약간
후춧가루 ▸ 약간

조리법

① - 멕시칸치즈는 오븐팬에 호일이나 오븐용 페이퍼를 깔고 넓게 펼쳐 예열된 200℃의 오븐에서 8분 정도 굽는다.
② - 닭가슴살은 끓는 물에 10분 정도 삶은 뒤 손으로 찢고 양파와 피망은 채 썬다.
③ - 팬에 올리브유를 두르고 양파와 피망을 중불에서 1분 정도 볶아 소금, 후춧가루로 간을 한 뒤 닭가슴살을 넣어 섞는다.
④ - 구운 치즈에 볶은 재료를 얹어 접은 후 예열된 200℃의 오븐에서 2분 정도 굽는다.

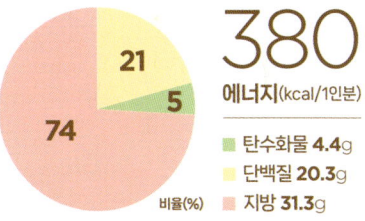

380 에너지(kcal/1인분)

■ 탄수화물 4.4g
■ 단백질 20.3g
■ 지방 31.3g
비율(%)

스프링롤

재료

라이스페이퍼 ▸ 30g(6장)
샌드위치햄 ▸ 100g
달걀 ▸ 110g
두부면 ▸ 100g
당근 ▸ 60g
깻잎 ▸ 25g
상추 ▸ 40g
올리브유 ▸ 30g
소금 ▸ 약간

땅콩소스

땅콩버터 ▸ 30g
레몬즙 ▸ 10g
알룰로스 ▸ 5g
간장 ▸ 5g

조리법

① - 달걀은 잘 풀어서 소금을 넣고 팬에 올리브유를 두르고 얇게 지단을 부쳐 곱게 채 썬다.
② - 두부면은 물기를 빼서 준비하고 샌드위치햄과 당근은 곱게 채 썬다.
③ - 팬에 올리브유를 두르고 샌드위치햄과 당근을 각각 볶는다.
④ - 땅콩소스 재료를 섞어서 준비한다.
⑤ - 라이스페이퍼를 찬물에 담갔다가 건진다.
⑥ - 두부면, 지단, 샌드위치햄, 당근을 라이스페이퍼 위에 올려서 돌돌 만다.
⑦ - 땅콩소스를 곁들여 먹는다.

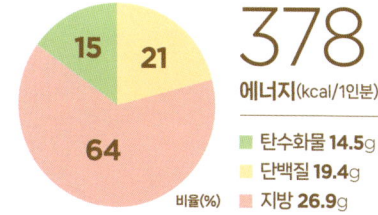

378
에너지 (kcal/1인분)

- 탄수화물 **14.5**g
- 단백질 **19.4**g
- 지방 **26.9**g

비율(%)

Tip • 라이스페이퍼는 감싸지 말고 김밥 싸듯이 양쪽을 그대로 둔채로 말아야 라이스페이퍼를 적게 사용할수 있다.

메밀면김밥

재료

- 메밀면 ▶ 70g
- 참기름 ▶ 30g
- 간장 ▶ 15g
- 깨소금 ▶ 4g
- 김(김밥용) ▶ 2장
- 닭가슴살(익힌 것) ▶ 150g
- 마요네즈 ▶ 40g
- 달걀말이 ▶ 4개
- 견과류(아몬드, 호박씨 등) ▶ 15g
- 오이 ▶ 60g
- 올리브유 ▶ 30g
- 소금 ▶ 약간
- 후춧가루 ▶ 약간

조리법

① - 메밀면은 끓는 물에 삶은 뒤 찬물에 헹구어 물기를 완전히 뺀 후 참기름, 간장, 깨소금을 넣어 버무린다.
② - 닭가슴살은 손으로 찢어 마요네즈에 버무린다.
③ - 달걀을 잘 풀어서 소금으로 간을 하고 견과류를 곱게 다져 넣는다.
④ - 팬에 올리브유를 두르고 달걀말이를 만들어 길게 둘로 자른다.
⑤ - 오이는 곱게 채를 썰어 준다.
⑥ - 김 1장에 메밀면을 반으로 나누어 넣고 준비한 재료를 반씩 나누어 돌돌 만다.
⑦ - 먹기 좋은 크기로 썬다.

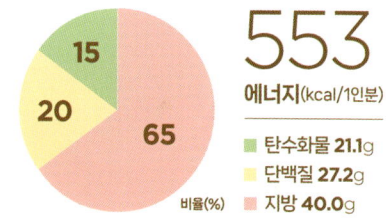

553 에너지(kcal/1인분)

- 탄수화물 **21.1**g
- 단백질 **27.2**g
- 지방 **40.0**g

비율(%) 15 / 20 / 65

Tip • 김 2장에 재료들을 넣어 도톰하게 말아서 3인분으로 나누어 담는다.

아보카도버거

230

재료

아보카도 ▸ 450g(3개)
훈제연어 ▸ 250g
체다치즈 ▸ 30g
양파 ▸ 40g
샐러드 채소 ▸ 50g
통깨 ▸ 1g
레몬즙 ▸ 10g

버거소스

마요네즈 ▸ 30g
다진 피클 ▸ 15g
레몬즙 ▸ 10g
딜 ▸ 1g

조리법

① - 충분히 후숙된 아보카도를 반으로 잘라 씨와 껍질을 제거하여 준비한다.
② - 양파는 곱게 채를 썰어 찬물에 담갔다가 물기를 뺀다.
③ - 샐러드용 채소는 깨끗이 씻어 물기를 제거한다.
④ - 아보카도 반쪽을 접시에 담고 샐러드 채소를 올린 후 양파를 올린다.
⑤ - 양파에 버거소스와 훈제연어를 올린 다음 올리브유와 레몬즙을 뿌린다.
⑥ - 체다치즈를 올리고 아보카도 한쪽을 올려 버거를 만든다.
⑦ - 아보카도 위에 통깨를 조금씩 뿌린다.

버거소스 만들기   마요네즈에 다진 피클, 레몬즙, 딜을 넣고 섞는다.

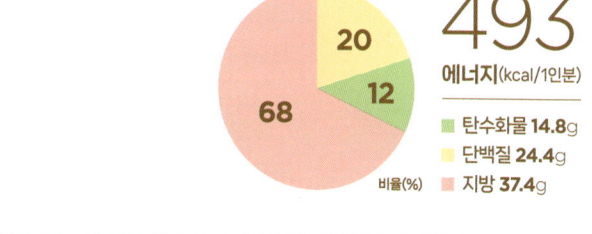

493
에너지(kcal/1인분)

탄수화물 14.8g
단백질 24.4g
지방 37.4g
비율(%)

Tip
• 아보카도는 녹색이 검은색으로 변하면서 말랑하면 후숙이 잘된 상태이다.
• 아보카도를 익힐 때는 냉장고가 아닌 실온에서 익히는 것이 좋다.

리코타치즈 오이샌드위치

재료

저당 캉파뉴 ▶ 90g
리코타치즈 ▶ 250g
알룰로스 ▶ 20g
닭가슴살 ▶ 300g
오이 ▶ 120g
달걀 ▶ 3개
버터 ▶ 20g
올리브유 ▶ 30g
소금 ▶ 약간
후춧가루 ▶ 약간

리코타치즈

우유 ▶ 500g
생크림 ▶ 250g
소금 ▶ 5g
레몬즙 ▶ 1.5큰술

조리법

① - 저당 캉파뉴는 얇게 썰어서 팬에 올리브유를 두르고 앞뒤로 노릇노릇하게 굽는다.
② - 리코타치즈에 알룰로스를 섞는다.
③ - 달걀은 잘 풀어서 소금, 후춧가루로 간을 한다.
④ - 팬에 버터를 두르고 달걀로 스크램블드에그를 만든다.
⑤ - 오이는 통썰기하고 딜은 다진다.
⑥ - 구운 캉파뉴에 리코타치즈를 두툼하게 바르고 오이와 딜을 올린다.
⑦ - 닭가슴살은 소금, 후춧가루를 뿌린 후 팬에 올리브유를 두른 다음 구워서 먹기 좋은 크기로 썰어 오이 위에 올린다.
⑧ - 리코타치즈 오이샌드위치에 스크램블드에그를 곁들인다.

리코타치즈 만들기
① 냄비에 우유와 생크림을 넣고 중불에서 저어가며 끓인다.
② 우유가 끓기 시작하면 약불로 줄이고 레몬즙과 소금을 넣어 10분 더 끓인다.
③ 한 김 식힌 뒤 면주머니에 리코타치즈를 옮겨 담고 입구를 묶어 물기를 제거한 후 냉장고에서 굳히면 완성된다.

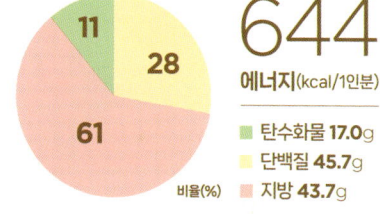

644
에너지(kcal/1인분)

■ 탄수화물 17.0g
■ 단백질 45.7g
비율(%) ■ 지방 43.7g

⑤

⑥

⑦

피시칩타코

재료

멕시칸치즈 ▸ 60g
생선살 ▸ 250g
케이준파우더 ▸ 1g
마늘분말 ▸ 5g
튀김가루 ▸ 20g
샐러드채소 ▸ 30g
올리브오일 ▸ 30g

타르타르소스
마요네즈 ▸ 40g
다진 피클 ▸ 10g
다진 양파 ▸ 10g
레몬즙 ▸ 10g
알룰로스 ▸ 5g

조리법

① - 오븐팬에 종이호일을 깔고 멕시칸치즈를 동그랗게 펼친 다음 예열된 200℃ 오븐에서 6~7분간 구워서 꺼낸 뒤 뜨거울 때 밀대 위에 올려두면 타코 모양이 된다.
② - 생선살은 길게 잘라서 케이준파우더와 마늘분말을 뿌리고 튀김가루를 골고루 입혀서 팬에 올리브유를 두르고 노릇노릇하게 구워준다.
③ - 타르타르소스 재료를 섞어 소스를 만든다.
④ - 1에 샐러드채소를 채운 다음 튀긴 생산살과 타르타르소스를 올린다.

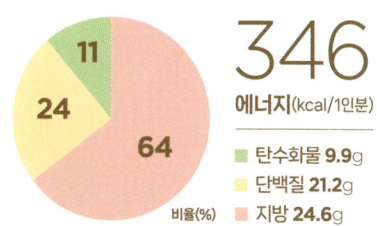

346
에너지(kcal/1인분)

■ 탄수화물 **9.9**g
■ 단백질 **21.2**g
■ 지방 **24.6**g

비율(%) — 11 / 24 / 64

①

②

또띠아랩샌드위치

재료

저당 또띠아 ▶ 90g(6인치짜리 3장)
소고기(불고기용) ▶ 120g
달걀 ▶ 4개
슈레드치즈 ▶ 30g
토마토 ▶ 100g
깻잎 ▶ 10g
샐러드 채소 ▶ 30g
올리브유 ▶ 30g
마요네즈 ▶ 20g
저당 스리라차 ▶ 5g
소금 ▶ 약간
후춧가루 ▶ 약간

불고기 양념

간장 ▶ 15g
알룰로스 ▶ 5g
참기름 ▶ 10g
다진 파 ▶ 10g
다진 마늘 ▶ 5g
깨소금 ▶ 2g

조리법

① - 소고기는 먹기 좋게 잘라서 불고기 양념에 10분 정도 재워둔다.
② - 달걀은 잘 풀어서 3등분하여 준비하고 토마토는 슬라이스, 깻잎은 채 썬다.
③ - 올리브유를 1작은술 두르고 불고기는 볶아서 준비한다.
④ - 직경 16cm 크기의 프라이팬에 올리브유 1작은술을 두른 뒤 달걀 1인분 양을 붓고 깻잎을 올린 다음 불고기를 적당량 올린다.
⑤ - 달걀이 익기 전 또띠아를 올려 뒤집개로 꼭꼭 눌러 또띠아가 달걀에 붙도록 한다.
⑥ - 달걀이 익으면 꺼내어 원형 1/4지점까지 가위집을 넣고 마요네즈, 저당 스리라차를 바른 다음 슈레드치즈, 토마토, 샐러드 채소를 올려 랩샌드위치처럼 접는다.

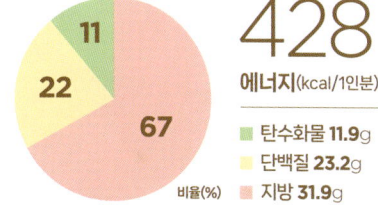

428
에너지(kcal/1인분)

11
22
67
비율(%)

■ 탄수화물 **11.9**g
■ 단백질 **23.2**g
■ 지방 **31.9**g

두부후무스
오픈샌드위치

238

재료

저당 캉파뉴 ▶ 90g(3조각)
버터 ▶ 30g
달걀 ▶ 3개
아보카도 ▶ 150g
새우살 ▶ 150g
토마토 ▶ 100g
올리브유 ▶ 20g
레몬즙 ▶ 5g
소금 ▶ 약간
후춧가루 ▶ 약간

두부후무스

두부 ▶ 80g
레몬즙 ▶ 15g
마늘 ▶ 10g
타히니소스 ▶ 20g
소금 ▶ 약간
후춧가루 ▶ 약간

조리법

① - 저당 캉파뉴는 슬라이스한 뒤 버터를 두르고 노릇노릇하게 굽는다.
② - 달걀은 반숙으로 삶아서 반으로 자른다.
③ - 후숙된 아보카도는 껍질을 제거하고 대충 으깬다.
④ - 새우살은 끓는 물에 데쳐 물기를 뺀다.
⑤ - 토마토는 먹기 좋은 크기로 썰어서 올리브유, 레몬즙을 넣어 섞고 소금, 후춧가루로 간을 한다.
⑥ - 두부후무스 재료를 믹서기에 넣어 곱게 간다.
⑦ - 호밀빵에 두부후무스를 펴 바르고 아보카도를 바른다.
⑧ - 새우살, 달걀은 보기 좋게 올리고 토마토를 얹는다.

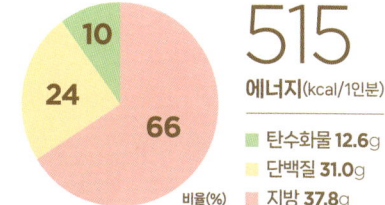

515
에너지(kcal/1인분)

■ 탄수화물 **12.6**g
■ 단백질 **31.0**g
■ 지방 **37.8**g

비율(%)

Tip
• 기호에 따라 샐러드 채소를 곁들여도 좋다.
• 타히니소스가 없다면 통깨 10g, 올리브유 20g, 잣 10g, 소금을 약간 넣고 곱게 간다.

브런치 플레이트

재료

소시지 ▶ 120g
달걀 ▶ 3개
수제 베이컨 ▶ 150g
양송이버섯 ▶ 100g
토마토 ▶ 90g
샐러드채소 ▶ 30g
올리브유 ▶ 20g
버터 ▶ 15g
저당 케첩(p.290) ▶ 40g

조리법

① - 소시지는 칼집을 넣는다.
② - 팬에 올리브유를 두르고 소시지와 베이컨을 노릇노릇하게 굽는다.
③ - 달걀을 잘 풀어서 소금, 후춧가루로 간을 한다.
④ - 팬에 버터를 두르고 3의 달걀물을 넣어 스크램블드에그를 만든다.
⑤ - 양송이버섯은 4등분으로 자르고 토마토, 샐러드채소는 먹기 좋은 크기로 썬다.
⑥ - 팬에 올리브유를 두르고 버섯을 볶은 뒤 소금, 후춧가루로 간을 한다.
⑦ - 접시에 준비한 재료들을 담고 저당 케첩을 곁들인다.

408 에너지(kcal/1인분)

- 탄수화물 **9.9**g
- 단백질 **22.2**g
- 지방 **31.1**g

비율(%): 탄수화물 10, 단백질 22, 지방 68

Tip • 스크램블드에그 대신 달걀프라이, 오믈렛 등으로 준비해도 된다.

치즈양상추샐러드

재료

- 양상추 ▶ 250g
- 베이컨 ▶ 80g
- 멕시칸포치즈 ▶ 30g
- 피스타치오 ▶ 25g
- 까망베르치즈 ▶ 60g
- 반숙 달걀 ▶ 2개

요거트 드레싱

- 플레인요거트 ▶ 40g
- 마요네즈 ▶ 40g
- 홀그레인머스타드 ▶ 5g
- 레몬주스 ▶ 10g
- 다진 마늘 ▶ 5g
- 소금 ▶ 약간
- 후춧가루 ▶ 약간

조리법

① - 양상추는 웨지 모양으로 큼직하게 썬다.
② - 베이컨은 다져서 팬에서 노릇노릇하게 볶는다.
③ - 까망베르치즈는 먹기 좋은 크기로 썰고 피스타치오는 다진다.
④ - 요거트 드레싱 재료를 모두 섞고 소금, 후춧가루로 간을 하여 드레싱을 만든다.
⑤ - 양상추를 담고 베이컨, 멕시칸포치즈, 까망베르치즈, 반숙 달걀, 피스타치오를 곁들인다.
⑥ - 요거트 드레싱을 뿌린다.

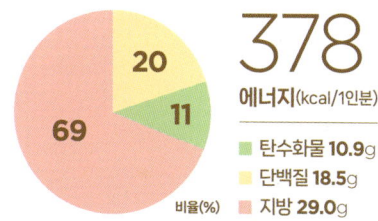

378 에너지(kcal/1인분)
- 탄수화물 10.9g
- 단백질 18.5g
- 지방 29.0g

비율(%): 69 / 20 / 11

라이스페이퍼튀김 연어샐러드

재료

라이스페이퍼 ▶ 20g
훈제연어 ▶ 200g
양상추 ▶ 80g
어린잎 채소 ▶ 10g
딜 ▶ 1g
식용유(튀김용) ▶ 약간

허브드레싱

마요네즈 ▶ 60g
플레인요거트 ▶ 20g
다진 딜 ▶ 1g
식초 ▶ 15g
다진 마늘 ▶ 10g
소금 ▶ 약간
후춧가루 ▶ 약간

조리법

① - 기름을 달군 뒤 라이스페이퍼를 넣는다.
② - 라이스페이퍼를 국자로 살짝 눌러 그릇 모양처럼 튀긴다.
③ - 훈제연어는 먹기 좋은 크기로 썬다.
④ - 양상추는 손으로 찢는다.
⑤ - 허브드레싱 재료를 모두 섞고 소금, 후춧가루로 간을 하여 드레싱을 만든다.
⑥ - 라이스페이퍼에 어린잎 채소와 연어를 올리고 허브드레싱을 뿌린 다음 딜로 장식한다.

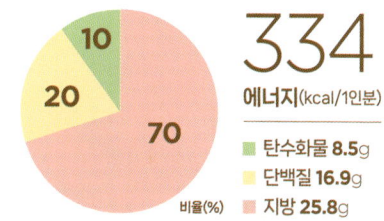

334 에너지(kcal/1인분)

■ 탄수화물 **8.5**g
■ 단백질 **16.9**g
■ 지방 **25.8**g

비율(%): 70 / 20 / 10

Tip 라이스페이퍼를 튀기기 전 라이스페이퍼 조각을 기름에 넣었을 때 바로 떠오르면서 하얗게 부풀면 튀기기 적당한 온도이다.

안심구이샐러드

재료

소고기(안심) ▶ 300g
새송이버섯 ▶ 60g
파프리카 ▶ 60g
아스파라거스 ▶ 60g
양상추 ▶ 100g
크루통 ▶ 10g
올리브유 ▶ 10g
소금 ▶ 약간
후춧가루 ▶ 약간

간장드레싱

올리브유 ▶ 20g
레몬주스 ▶ 10g
간장 ▶ 5g
화인스위트 ▶ 1g
다진 바질 ▶ 1g
홀그레인머스타드 ▶ 5g
소금 ▶ 약간
후춧가루 ▶ 약간

조리법

① - 소고기에 소금, 후춧가루를 뿌린다.
② - 양상추는 한입 크기로 손으로 찢는다.
③ - 새송이버섯, 파프리카, 아스파라거스는 먹기 좋은 크기로 썬다.
④ - 간장드레싱 재료를 모두 섞어 간장드레싱을 만든다.
⑤ - 팬에 올리브유를 두르고 채소들을 각각 볶아서 소금, 후춧가루로 간을 한다.
⑥ - 팬을 달군 다음 소고기를 앞뒤로 노릇노릇하게 구워서 먹기 좋은 크기로 썬다.
⑦ - 양상추, 소고기와 구운 채소를 곁들여 담고 크루통을 뿌린다.
⑧ - 간장드레싱을 뿌린다.

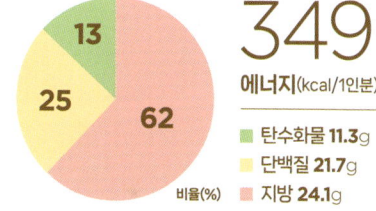

349 에너지(kcal/1인분)

- 탄수화물 **11.3g**
- 단백질 **21.7g**
- 지방 **24.1g**

비율(%) : 13 / 25 / 62

③

⑥

Tip
- 소고기 안심은 도톰하게 준비해 미디엄으로 구우면 부드럽고, 소고기의 풍미가 있는 샐러드를 만들 수 있다.
- 아스파라거스 대신 브로콜리, 껍질 콩, 피망 등을 구워서 사용해도 된다.

부라타치즈샐러드

재료

부라타치즈 ▸ 120g
하몽 ▸ 80g
토마토 ▸ 100g
크루통 ▸ 10g
올리브유 ▸ 20g
발사믹식초 ▸ 10g
양파 ▸ 30g
양상추 ▸ 100g
샐러드채소 ▸ 20g
소금 ▸ 약간
후춧가루 ▸ 약간
바질페스토(p.291) ▸ 40g

조리법

① - 부라타치즈는 건져 물기를 뺀다.
② - 토마토는 먹기 좋은 크기로 썰고 양파는 다진다.
③ - 양상추, 샐러드채소는 먹기 좋은 크기로 썬다.
④ - 토마토와 양파를 섞어서 올리브유와 발사믹식초를 넣고 섞는다.
⑤ - 큰 볼에 양상추와 샐러드채소를 담고 토마토와 양파 섞은 것을 골고루 뿌린 후 소금, 후춧가루로 간을 한다.
⑥ - 부라타치즈와 하몽을 곁들인다.
⑦ - 샐러드 위에 바질페스토를 뿌린다.

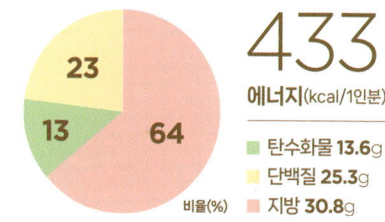

433 에너지(kcal/1인분)
탄수화물 13.6g
단백질 25.3g
지방 30.8g
비율(%) 23 / 13 / 64

Tip • 샐러드채소는 쌈채소류나 어린잎, 새싹 등을 사용한다.

전복구이샐러드

재료

전복 ▶ 180g(작은 크기 6마리)
버터 ▶ 20g
브로콜리 ▶ 80g
메추리알 ▶ 16개
새송이버섯 ▶ 100g
까망베르치즈 ▶ 60g
방울토마토 ▶ 60g
양상추 ▶ 100g
샐러드 채소 ▶ 20g
올리브유 ▶ 20g
견과류 ▶ 10g
레몬(장식용)

와사비드레싱

올리브오일 ▶ 25g
화인스위트 ▶ 1g
와사비 ▶ 5g
레몬즙 ▶ 10g
소금 ▶ 약간
후춧가루 ▶ 약간

조리법

① - 전복은 손질하여 잔칼집을 넣는다.
② - 브로콜리는 끓는 물에 데쳐 먹기 좋은 크기로 썰고 새송이버섯도 먹기 좋게 썬다.
③ - 방울토마토는 반으로 썰고 양상추는 먹기 좋게 자른다.
④ - 팬에 버터와 올리브유를 두르고 전복을 구워서 익힌다.
⑤ - 전복을 건져 내고 올리브유를 넣은 뒤 새송이버섯을 볶는다.
⑥ - 준비한 재료를 섞어 와사비드레싱을 만든다.
⑦ - 양상추와 샐러드 채소를 담고 전복, 메추리알, 브로콜리, 새송이버섯, 방울토마토를 올린다.
⑧ - 견과류를 뿌리고 와사비드레싱을 뿌려 주고 레몬으로 장식한다.

423 에너지(kcal/1인분)

- 탄수화물 **12.3**g
- 단백질 **21.3**g
- 지방 **32.1**g

비율(%): 12 / 20 / 68

4장

아이들이 좋아하는 건강 간식

첨가물 가득한 과자, 아이스크림 등 군것질 대신
건강하고 맛있는 간식을 만들어요.

일러 두기
간식의 에너지 열량은
1인분이 아닌 재료 전체
조리 시 에너지입니다.

아몬드 캐슈너트밀크

재료

아몬드 ▸ 70g
캐슈너트 ▸ 30g
물 ▸ 500mL
소금 ▸ 1g
알룰로스 ▸ 기호에 맞게

조리법

① - 아몬드와 캐슈너트는 물과 소금을 넣어 블랜더로 곱게 간다.
② - 알룰로스를 약간 넣는다.

632
에너지(kcal)

- 탄수화물 **23.4**g
- 단백질 **21.5**g
- 지방 **50.2**g

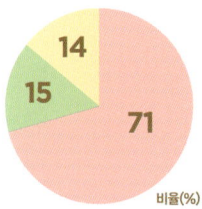

비율(%)

1000
에너지(kcal)

- 탄수화물 **36.9**g
- 단백질 **21.5**g
- 지방 **85.2**g

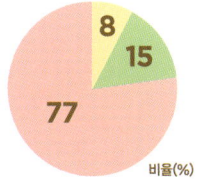

비율(%)

아보카도 아몬드스무디

재료

아보카도 ▶ 160g
바나나 ▶ 50g
아몬드 ▶ 50g
케토니아 ▶ 300mL
얼음 ▶ 200g
알룰로스 ▶ 20g

조리법

① - 아보카도와 바나나는 후숙이 잘된 것을 골라 껍질을 벗기고 큼직하게 썬다.
② - 아보카도, 바나나, 아몬드, 케토니아와 얼음을 블랜더에 넣어 곱게 간다.
③ - 알룰로스를 넣는다.

무설탕 딸기에이드

재료

딸기 티백 ▶ 3개
탄산수 ▶ 400mL
알룰로스 ▶ 30g
얼음 ▶ 300g

조리법

① - 딸기 티백을 따뜻한 물에 우려낸다.
② - 티백을 건져내고 탄산수와 알룰로스, 얼음을 넣어 잘 섞는다.

0.8 에너지(kcal)

- 탄수화물 **0.2**g
- 단백질 **0**g
- 지방 **0**g

100

비율(%)

417
에너지(kcal)

- 탄수화물 **15.2**g
- 단백질 **4.5**g
- 지방 **37.6**g

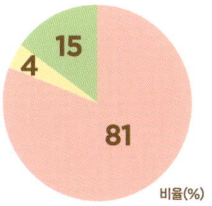

비율(%)

코코넛밀크 아이스바

재료

코코넛밀크 ▸ 150g
아몬드밀크(언스위트) ▸ 150mL
알룰로스 ▸ 20g
블루베리 ▸ 50g

조리법

① - 코코넛밀크에 블루베리를 넣고 곱게 간다.
② - 아몬드밀크와 알룰로스를 섞어서 아이스바 틀에 넣고 냉동실에서 얼린다.

Tip • 코코넛밀크 대신 생크림, 블루베리 대신 좋아하는 과일을 사용해도 된다.

레몬커드 아이스크림

재료

- 레몬즙 ▶ 40mL
- 달걀 ▶ 2개
- 버터 ▶ 40g
- 레몬 껍질 ▶ 약간
- 생크림 ▶ 200g
- 알룰로스 ▶ 30g
- 피스타치오 ▶ 5g

조리법

① - 버터를 녹인 뒤 달걀과 레몬즙을 넣고 잘 풀어 준다.
② - 1에 레몬 껍질을 곱게 다져 넣고 팬에 부은 뒤 약불에서 거품기로 저어 가며 레몬 커드를 만든 뒤 식힌다.
③ - 생크림은 거품을 내어 끓인 레몬커드와 알룰로스를 넣고 잘 섞는다.
④ - 냉동실에 넣고 6시간 정도 얼린다.
⑤ - 스쿠퍼로 떠서 담고 레몬 껍질, 피스타치오를 뿌린다.

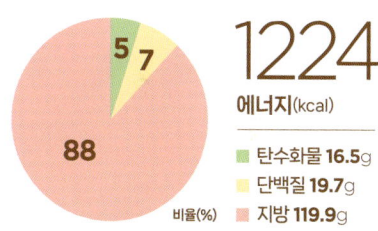

1224 에너지(kcal)

- 탄수화물 **16.5**g
- 단백질 **19.7**g
- 지방 **119.9**g

비율(%): 88 / 5 / 7

②

③

두부나초

재료

포두부 ▶ 150g
올리브유 ▶ 50g
소금 ▶ 2g
파마산치즈 ▶ 30g
후춧가루 ▶ 약간

조리법

① - 포두부는 먹기 좋은 크기로 자른다.
② - 키친타올에 포두부를 한 장씩 올리고 물기를 제거한 뒤 소금, 후춧가루를 뿌린다.
③ - 오븐팬에 포두부를 올리고 올리브유를 골고루 바른다.
④ - 180℃로 예열된 오븐에서 15~17분간 구워 준 뒤 파마산치즈를 골고루 뿌린다.

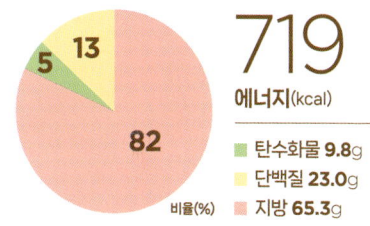

719
에너지(kcal)

■ 탄수화물 9.8g
■ 단백질 23.0g
■ 지방 65.3g

Tip • 오븐 대신 에어프라이어를 써도 된다.

크림치즈쿠키

재료

크림치즈 ▸ 50g
버터 ▸ 50g
아몬드가루 ▸ 110 g
알룰로스 ▸ 20g
소금 ▸ 1g
생크림 ▸ 20g
호두 ▸ 50g
베이킹파우더 ▸ 1g

조리법

① - 크림치즈와 버터는 실온에 두었다가 부드럽게 저어준다.
② - 알룰로스, 소금을 넣어서 섞는다.
③ - 아몬드가루에 베이킹파우더를 섞어서 반죽에 넣는다.
④ - 반죽에 생크림과 다진 호두를 넣고 섞는다.
⑤ - 유산지에 반죽을 넣고 김밥처럼 모양을 만들어 싼 뒤 냉장고에서 2시간 정도 휴지시킨다.
⑥ - 일정한 두께로 썰어서 예열된 160℃ 오븐에서 10분 또는 150℃에서 15분 굽는다.

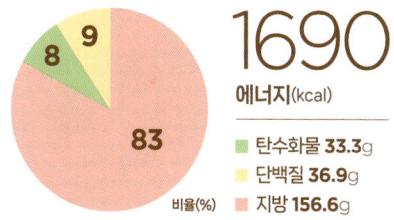

1690 에너지(kcal)

- 탄수화물 33.3g
- 단백질 36.9g
- 지방 156.6g

비율(%)

③

④

아몬드와플

재료

아몬드가루 ▸ 60g
알룰로스 ▸ 20g
달걀 ▸ 3개
버터 ▸ 60g
흑임자가루 ▸ 30g
크림치즈 ▸ 60g
소금 ▸ 1g

조리법

① - 달걀을 잘 푼다.
② - 버터를 전자레인지에서 녹인다.
③ - 녹인 버터에 알룰로스, 달걀과 아몬드가루, 흑임자가루, 소금을 넣어 잘 섞는다.
④ - 와플팬에 반죽을 나누어 구워준 뒤 크림치즈를 곁들인다.

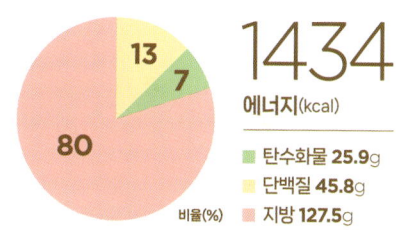

1434
에너지(kcal)

■ 탄수화물 25.9g
■ 단백질 45.8g
비율(%) ■ 지방 127.5g

80 / 13 / 7

②

③

흑임자티라미수

재료

크림치즈 ▶ 190g
생크림 ▶ 100g
알룰로스 ▶ 30g
흑임자가루 ▶ 20g

조리법

① - 크림치즈를 실온에 두었다가 부드럽게 저은 뒤 알룰로스를 넣고 섞는다.
② - 생크림은 거품을 내어 1의 크림치즈와 섞는다.
③ - 그릇에 2의 반죽을 적당량 담고 흑임자가루를 중간중간 뿌린다.
④ - 냉장고에 넣고 굳힌다.

1165
에너지(kcal)

■ 탄수화물 **19.8**g
■ 단백질 **18.8**g
■ 지방 **112.3**g

비율(%)

Tip • 흑임자가루를 넣고 섞어도 된다.

소시지머핀

재료

- 비엔나소시지 ▸ 60g
- 다진 양파 ▸ 70g
- 브로콜리 ▸ 40g
- 버터 ▸ 80g
- 달걀 ▸ 2개
- 아몬드가루 ▸ 80g
- 코코넛가루 ▸ 20g
- 베이킹 파우더 ▸ 2g
- 올리브유 ▸ 10g
- 소금 ▸ 1g

조리법

① - 비엔나소시지는 길게 반으로 자르고 반은 겉면에 칼집을 넣는다.
② - 브로콜리는 작은 크기로 썬다.
③ - 팬에 올리브유를 두르고 다진 양파와 비엔나소시지, 브로콜리를 볶는다.
④ - 버터를 전자레인지에 녹인 다음 식혀 달걀을 넣고 잘 푼다.
⑤ - 4에 아몬드가루, 코코넛가루, 소금, 베이킹파우더를 넣고 섞는다.
⑥ - 볶아 놓은 재료를 반죽에 넣어 섞는다.
⑦ - 머핀틀에 재료를 나누어 담고 170℃로 예열된 오븐에서 20~25분간 굽는다.

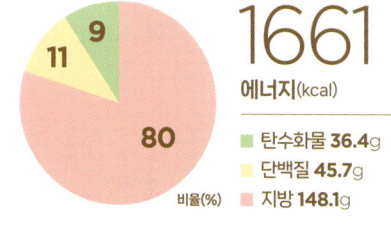

1661 에너지(kcal)

- 탄수화물 **36.4**g
- 단백질 **45.7**g
- 지방 **148.1**g

비율(%): 9 / 11 / 80

연어달걀키쉬

재료

- 달걀 ▸ 2개
- 생크림 ▸ 50g
- 아몬드가루 ▸ 15g
- 파마산치즈가루 ▸ 15g
- 훈제연어 ▸ 60g
- 양파 ▸ 40g
- 버섯 ▸ 30g
- 시금치 ▸ 40g
- 올리브유 ▸ 20g
- 소금 ▸ 약간
- 후춧가루 ▸ 약간

조리법

① - 달걀은 잘 풀어 준 후 소금, 후춧가루로 간을 한다.
② - 달걀물에 생크림, 아몬드가루, 파마산치즈가루를 넣어 섞는다.
③ - 훈제연어는 먹기 좋은 크기로 썬다.
④ - 양파, 버섯은 굵게 다지고 시금치는 끓는 물에 데쳐 물기를 제거하고 먹기 좋은 크기로 썬다.
⑤ - 팬에 올리브유를 두르고 양파, 버섯을 볶다가 시금치를 넣고 소금, 후춧가루로 간을 한다.
⑥ - 볶은 채소에 연어와 달걀과 생크림 섞은 것을 넣고 잘 섞는다.
⑦ - 머핀틀이나 파이틀에 넣고 예열된 170℃의 오븐에서 20~25분간 굽는다.

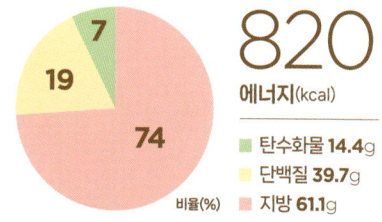

820
에너지(kcal)

■ 탄수화물 14.4g
■ 단백질 39.7g
■ 지방 61.1g

비율(%)

7
19
74

Tip • 시금치 대신 브로콜리를 활용하거나 다른 채소를 넣어도 된다.

보리견과바

재료

보리튀밥(무설탕) ▸ 50g
견과류 ▸ 50g
검은깨 ▸ 10g
알룰로스 ▸ 40g
버터 ▸ 10g

조리법

① - 견과류는 기름기 없는 팬에 고소하게 볶은 뒤 검은깨와 섞는다.
　　*호박씨, 해바라기씨, 호두, 아몬드, 캐슈너트 등을 활용한다.

② - 팬에 알룰로스를 넣고 끓으면 보리튀밥과 견과류, 검은깨를 넣어 섞는다.

③ - 버터를 넣고 섞은 뒤 팬에 호일을 깔고 넓게 펼쳐 식힌다.

④ - 먹기 좋은 크기로 썬다.

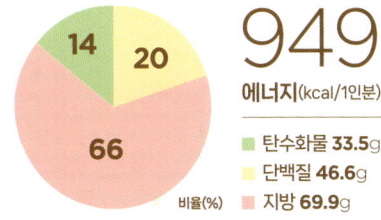

949
에너지(kcal/1인분)

■ 탄수화물 33.5g
■ 단백질 46.6g
■ 지방 69.9g

비율(%)

생크림푸딩

재료

생크림 ▶ 200g
코코넛밀크 ▶ 100g
판젤라틴 ▶ 4g
알룰로스 ▶ 20g
바닐라빈 ▶ 약간

조리법

① - 판젤라틴은 물에 불려서 부드러워지면 건진다.
② - 생크림 100g을 데워서 판젤라틴을 넣어 녹이고 바닐라빈과 알룰로스를 넣는다.
③ - 나머지 생크림과 코코넛밀크를 넣어 섞는다.
④ - 푸딩 용기에 담고 냉장고에서 굳힌다.

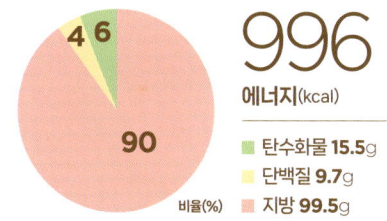

에너지(kcal) 996
탄수화물 15.5g
단백질 9.7g
지방 99.5g

비율(%): 4, 6, 90

크렘브륄레

재료

달걀노른자 ▶ 60g
생크림 ▶ 200g
우유 ▶ 100mL
알룰로스 ▶ 20g
바닐라빈 ▶ 약간

조리법

① - 달걀노른자는 잘 풀어준 후 우유를 넣고 체에 거른다.
② - 1에 생크림과 알룰로스, 바닐라빈을 넣어서 잘 섞은 뒤 오븐 용기에 나누어 담는다.
③ - 오븐팬에 뜨거운 물을 붓고 재료를 넣은 오븐용기를 올린다.
④ - 예열된 160℃의 오븐에서 35~40분간 굽는다.

988 에너지(kcal)

- 탄수화물 **19.0**g
- 단백질 **16.5**g
- 지방 **94.0**g

비율(%): 85 / 7 / 8

Tip
• 바닐라빈이 없으면 액상 바닐라를 사용해도 된다.
• 부드럽게 찌듯이 익히려면 끓는 물에 중탕으로 익힌다.

코코넛젤리

재료

코코넛밀크 ▶ 100mL
물 ▶ 50mL
젤라틴 ▶ 6g
알룰로스 ▶ 20g

조리법

① - 찬물에 젤라틴을 넣고 부드럽게 불린 후 젤라틴이 녹도록 끓인다.

② - 코코넛밀크와 알룰로스를 넣어 섞는다.

③ - 젤리틀에 넣어 냉장고에서 굳힌다.

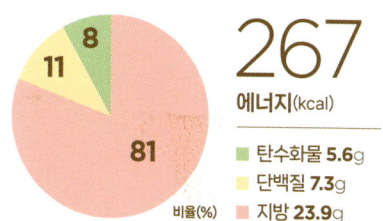

267 에너지(kcal)

- 탄수화물 5.6g
- 단백질 7.3g
- 지방 23.9g

비율(%): 81 / 11 / 8

코코넛견과치즈롤

재료

견과류(호두, 아몬드,
캐슈너트 등) ▶ 40g
크림치즈 ▶ 80g
파마산치즈 ▶ 20g
코코넛롱 ▶ 20g
화인스위트 ▶ 1g

조리법

① - 팬에 기름을 두르지 않은 상태에서 견과류를 고소하게 볶은 뒤 굵게 다진다.
② - 크림치즈는 실온에서 부드럽게 저은 후 파마산치즈, 화인스위트를 넣어 잘 섞는다.
③ - 견과류를 넣어 잘 섞은 뒤 동그랗게 뭉친 다음 코코넛롱에 굴린다.
④ - 냉장고에 차게 보관했다가 먹는다.

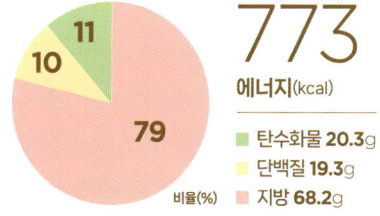

773
에너지(kcal)

■ 탄수화물 20.3g
■ 단백질 19.3g
■ 지방 68.2g
비율(%)

Tip • 와플이나 통밀크래커, 아이스크림 등에 곁들인다.

치떡치떡

재료

소시지 ▸ 160g
구워 먹는 치즈 ▸ 80g
올리브유 ▸ 10g

고추장 양념
저당 고추장 ▸ 15g
간장 ▸ 5g
저당 케첩 ▸ 10g
알룰로스 ▸ 5g

조리법

① - 소시지는 잔 칼집을 골고루 넣고, 구워 먹는 치즈는 소시지와 비슷한 크기로 썬다.
② - 소시지와 치즈를 꼬치에 꽂아서 팬에 올리브유를 두르고 노릇노릇하게 굽는다.
③ - 고추장 양념을 만들어 골고루 바르면서 굽는다.

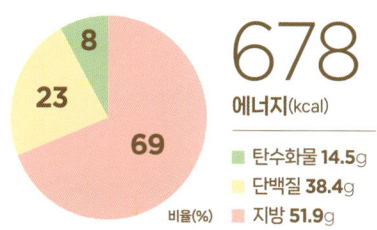

678 에너지(kcal)
탄수화물 14.5g
단백질 38.4g
지방 51.9g

비율(%): 탄수화물 8, 단백질 23, 지방 69

견과코코넛초콜릿

재료

코코넛크림(또는 생크림) ▸ 100g
무염버터 ▸ 60g
코코아파우더(무가당) ▸ 35g
견과류(호박씨, 호두, 아몬드, 캐슈너트 등) ▸ 35g
알룰로스 ▸ 30g

조리법

① - 무염버터는 중탕으로 녹인 다음 코코아파우더와 코코넛크림을 넣어 섞는다.
② - 알룰로스를 넣고 섞는다.
③ - 견과류를 다져서 넣고 섞은 다음 먹기 좋은 크기로 뭉친다.

1126 에너지(kcal)

■ 탄수화물 16.5g
■ 단백질 18.0g
■ 지방 109.8g

비율(%)

Tip
- 코코아파우더 대신 무가당 다크 초콜릿을 녹여서 사용해도 된다.
- 먹기 좋은 크기로 만든 뒤 코코아파우더를 겉에 묻혀도 좋다.

코코넛투월

재료

- 달걀흰자 ▶ 70g
- 아몬드가루 ▶ 30g
- 코코넛롱 ▶ 60g
- 알룰로스 ▶ 20g
- 버터 ▶ 40g

조리법

① - 달걀흰자를 잘 푼다.
② - 버터는 전자레인지에 녹여서 알룰로스를 넣고 잘 섞는다.
③ - 달걀흰자, 녹인 버터, 아몬드가루, 롱코코넛을 넣고 섞는다.
④ - 오븐팬에 직경 5~6cm 크기로 넓게 펴서 150℃로 예열된 오븐에서 18~20분간 굽는다.

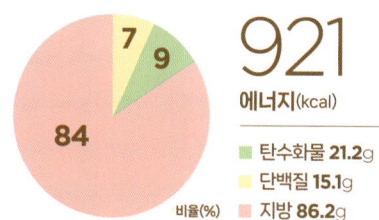

921
에너지(kcal)

- 탄수화물 21.2g
- 단백질 15.1g
- 지방 86.2g

비율(%)

그릭요거트볼

재료

무가당 그릭요거트 ▶ 240g
블루베리 ▶ 30g
코코넛롱 ▶ 10g
알룰로스 ▶ 30g
견과류 ▶ 10g

조리법

① - 무가당 그릭요거트를 그릇에 담는다.
② - 블루베리, 롱코코넛을 올린다.
③ - 알룰로스를 뿌리고 견과류를 올린다.

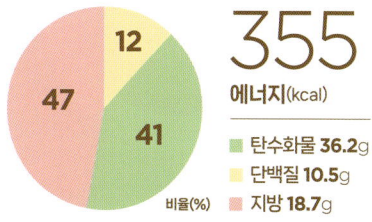

저당 소스

저당 불고기 양념

96 에너지(kcal)

탄수화물 **12.6g(52%)**
단백질 **6.2g(26%)**
지방 **2.3g(22%)**

재료 간장 40g, 알룰로스 15g, 양파즙 20g, 깨소금 5g, 다진 파 20g, 다진 마늘 10g, 후춧가루 약간
만드는 법 준비한 재료를 모두 섞는다.

저당 볶음 고추장 양념

118 에너지(kcal)

탄수화물 **18.3g(62%)**
단백질 **7.1g(24%)**
지방 **1.8g(14%)**

재료 저당 고추장 45g, 고춧가루 10g, 간장 15g, 액젓 5g, 알룰로스 20g, 양파즙 20g, 다진 파 20g, 다진 마늘 10g
만드는 법 준비한 재료를 모두 섞는다.

저당 간장 드레싱

374 에너지(kcal)

탄수화물 **2.5g(3%)**
단백질 **1.0g(1%)**
지방 **40.0g(96%)**

재료 올리브유 40g, 간장 10g, 식초 10g, 레몬즙 10g, 알룰로스 10g, 후춧가루 약간
만드는 법 준비한 재료를 모두 섞는다.

저당 케찹

362 에너지(kcal)

탄수화물 **36.9g(41%)**
단백질 **6.1g(7%)**
지방 **21.1g(52%)**

재료 토마토 500g, 양파 50g, 비트 20g, 알룰로스 20g, 마늘 분말 2.5g, 올리브유 20g, 식초 20g, 녹말가루 10g, 물 20g, 소금 2g, 후춧가루, 월계수잎 약간
만드는 법 ① -토마토는 끓는 물에 데쳐 껍질을 벗기고 씨를 뺀 다음 양파, 비트와 함께 블렌더에 곱게 간다.
② -체에 거른 뒤 나머지 양념을 모두 넣고 은근한 불에서 끓여준 후 월계수잎을 건져 낸다.
③ -녹말가루에 물을 섞어서 2가 끓을 때 넣고 걸쭉하게 농도를 맞춘다.

드레싱

두부후무스
218
에너지(kcal)

탄수화물 7.9g (15%)
단백질 6.5g (12%)
지방 17.8g (73%)

재료 두부 80g, 올리브유 40g, 타히니소스 20g, 레몬즙 15g, 마늘 10g, 잣 10g, 소금 2g, 후춧가루 약간
만드는 법 준비한 재료를 블렌더에 넣고 곱게 간다.

바질페스토
1542
에너지(kcal)

탄수화물 17.3g (5%)
단백질 15.9g (4%)
지방 156.6g (91%)

재료 바질 60g, 파마산치즈 30g, 잣 30g, 마늘 15g, 올리브유 130g, 소금 1g, 후춧가루 약간
만드는 법 ① 바질은 씻어 물기를 제거한다.
② 준비한 재료를 모두 블렌더에 넣고 곱게 간다.

캐슈너트마요네즈
534
에너지(kcal)

탄수화물 27.1g (20%)
단백질 16.7g (13%)
지방 39.8g (67%)

재료 캐슈너트 80g, 저당 두유 100ml, 소금 1g, 레몬즙 10g, 알룰로스 10g
만드는 법 준비한 재료를 블렌더에 넣고 곱게 간다.

깻잎페스토
1161
에너지(kcal)

탄수화물 14.2g (5%)
단백질 11.8g (4%)
지방 117.5g (91%)

재료 깻잎 40g, 파마산치즈 20g, 잣 20g, 마늘 15g, 생들기름(또는 올리브유)100g, 소금 1g, 후춧가루 약간
만드는 법 ① 깻잎은 씻어 물기를 제거한다.
② 준비한 재료를 모두 블렌더에 넣고 곱게 간다.

토마토살사
450
에너지(kcal)

탄수화물 17.7g (16%)
단백질 3.4g (3%)
지방 40.6g (81%)

재료 토마토 200g, 적양파 50g, 할라피뇨(또는 고추) 20g, 다진 마늘 10g, 올리브유 40g, 레몬즙 20g, 소금 1g, 후춧가루 약간
만드는 법 ① 토마토는 씨를 빼고 적양파, 할라피뇨를 곱게 다진다.
② 준비한 재료를 모두 섞는다.

Tip 할라피뇨 대신 핫소스를 사용해도 된다.

참고문헌

1. 세브란스병원 소아신경과, 세브란스병원 영양팀. (2013). 케톤식 식사 가이드. 싸이프레스.

2. Huttenlocher, P. R., Wilbourn, A. J., & Signore, J. M. (1971). Medium-chain triglycerides as a therapy for intractable childhood epilepsy. *Neurology*, 21(11), 1097-1103.
https://doi.org/10.1212/wnl.21.11.1097

3. Kossoff, E. H., Krauss, G. L., McGrogan, J. R., & Freeman, J. M. (2003). Efficacy of the Atkins diet as therapy for intractable epilepsy. *Neurology*, 61(12), 1789-1791.
https://doi.org/10.1212/01.wnl.0000098889.35155.72

4. Kim, D. W., Kang, H. C., Park, J. C., & Kim, H. D. (2004). Benefits of the nonfasting ketogenic diet compared with the initial fasting ketogenic diet. *Pediatrics*, 114(6), 1627-1630. https://doi.org/10.1542/peds.2004-1001

5. Pfeifer, H. H., & Thiele, E. A. (2005). Low-glycemic-index treatment: A liberalized ketogenic diet for treatment of intractable epilepsy. *Neurology*, 65(11), 1810-1812.
https://doi.org/10.1212/01.wnl.0000187071.24292.9e

6. Rohani, P., Shervin Badv, R., Sohouli, M. H., & Guimarães, N. S. (2024). The efficacy of low glycemic index diet on seizure frequency in pediatric patients with epilepsy: A systematic review and meta-analysis. *Seizure*, 117, 150-158.
https://doi.org/10.1016/j.seizure.2024.02.013

7. Sondhi, V., Agarwala, A., Pandey, R. M., et al. (2020). Efficacy of ketogenic diet, modified Atkins diet, and low glycemic index therapy diet among children with drug-resistant epilepsy: A randomized clinical trial. *JAMA Pediatrics*, 174(10), 944-951.
https://doi.org/10.1001/jamapediatrics.2020.2282

8. Tereshko, Y., Dal Bello, S., Di Lorenzo, C., et al. (2023). 2:1 ketogenic diet and low-glycemic-index diet for the treatment of chronic and episodic migraine: A single-center real-life retrospective study. *J Headache Pain*, 24(1), 95.
https://doi.org/10.1186/s10194-023-01635-9

9. Arzani, M., Jahromi, S. R., Ghorbani, Z., et al. (2020). Gut-brain axis and migraine headache: A comprehensive review. *J Headache Pain*, 21(1), 15.
https://doi.org/10.1186/s10194-020-1078-9

10. Lelleck, V. V., Schulz, F., Witt, O., et al. (2022). A digital therapeutic allowing a personalized low-glycemic nutrition for the prophylaxis of migraine: Real world data from two prospective studies. *Nutrients*, 14(14), 2927.
https://doi.org/10.3390/nu14142927

11. Zweers, H., van Wegberg, A. M. J., Janssen, M. C. H., & Wortmann, S. B. (2021). Ketogenic diet for mitochondrial disease: A systematic review on efficacy and safety. *Orphanet Journal of Rare Diseases*, 16(1), 295. https://doi.org/10.1186/s13023-021-01927-w

12. Na, J. H., Kim, H. D., & Lee, Y. M. (2020). Effective and safe diet therapies for Lennox-Gastaut syndrome with mitochondrial dysfunction. *Therapeutic Advances in Neurological Disorders*, 13, 1756286419897813. https://doi.org/10.1177/1756286419897813

13. Nguyen, K. V., & Schytz, H. W. (2024). The evidence for diet as a treatment in migraine: A review. *Nutrients*, 16(19), 3415. https://doi.org/10.3390/nu16193415

14. Compañ-Gabucio, L., Torres-Collado, L., & García-de-la-Hera, M. (2024). Dietary patterns in children with neurodevelopmental disorders. *Nutrients*, 16(15), 2460.
https://doi.org/10.3390/nu16152460

15. Iyer, S. H., Yeh, M. Y., Netzel, L., et al. (2024). Dietary and metabolic approaches for treating autism spectrum disorders, affective disorders, and cognitive impairment comorbid with epilepsy: A review of clinical and preclinical evidence. *Nutrients*, 16(4), 553.
https://doi.org/10.3390/nu16040553

16. Yu, Y., Huang, J., Chen, X., et al. (2022). Efficacy and safety of diet therapies in children with autism spectrum disorder: A systematic literature review and meta-analysis. *Frontiers in Neurology*, 13, 844117. https://doi.org/10.3389/fneur.2022.844117

17. Vinker-Shuster, M., Eldor, R., Green, I., Golan-Cohen, A., Manor, I., & Merzon, E. (2022). Glycemic control and diabetes related complications in adults with type 1 diabetes mellitus and ADHD. *Journal of Attention Disorders*, 26(9), 1235-1244. https://doi.org/10.1177/10870547211068039

18. Gentile, F., Doneddu, P. E., Riva, N., Nobile-Orazio, E., & Quattrini, A. (2020). Diet, microbiota and brain health: Unraveling the network intersecting metabolism and neurodegeneration. *International Journal of Molecular Sciences*, 21(20), 7471. https://doi.org/10.3390/ijms21207471

19. Danan, A., Westman, E. C., Saslow, L. R., & Ede, G. (2022). The ketogenic diet for refractory mental illness: A retrospective analysis of 31 inpatients. *Frontiers in Psychiatry*, 13, 951376. https://doi.org/10.3389/fpsyt.2022.951376

20. Griffen, C., Schoeler, N. E., Browne, R., et al. (2024). Tolerance, adherence, and acceptability of a ketogenic 2.5:1 ratio, nutritionally complete, medium chain triglyceride-containing liquid feed in children and adults with drug-resistant epilepsy following a ketogenic diet. *Epilepsia Open*, 9(2), 727-738. https://doi.org/10.1002/epi4.12910

21. Panda, P. K., Chakrabarty, B., Jauhari, P., et al. (2024). Efficacy of daily versus intermittent low glycemic index therapy diet in children with drug-resistant epilepsy: A randomized controlled trial. *Epilepsy Research*, 201, 107322. https://doi.org/10.1016/j.eplepsyres.2024.107322

22. Boles S., Webster R. J., Parnel S., Murray J., Sell E., Pohl D. (2020). No improvement in quality of life in children with epilepsy treated with the low glycemic index diet. Epilepsy & Behavior 2020;104, 1-4. https://doi.org/10.1016/j.yebeh.2019.106664

23. 유하나, 윤오복. (2014). 간질아동에게 제공된 심리사회적 중재의 효과에 대한 연구동향: Systematic Review. 한국콘텐츠학회논문지 2014;14(6), 219-228. http://dx.doi.org/10.5392/JKCA.2014.14.06.219

24. 박가영. (2006). 케톤생성 식이요법을 시행하는 소아간질 환아 어머니의 경험과 요구. 연세대학교 교육대학원 석사학위논문

25. 이명은, 김가은, 이향운, 김의정. (2019). 뇌전증 소아청소년 환아와 가족의 삶의 질에 영향을 주는 요인에 관한 연구. Korean J Biol Psychiatry 2019;26(2), 79-87

26. Pattemore C. (2022). How to Get Started with Practicing Mindfulness. https://psychcentral.com/health/new-to-mindfulness-how-to-get-started

27. https://various.foodsafetykorea.go.kr/nutrient/
대한영양사협회, 임상영양지침서 제4판, 2022

28. 대한당뇨병학회 식품영양위원회, 당뇨병 식사계획을 위한 식품교환표 활용지침 제4판, 2024

29. 마리아 에머리히(2017), 지방을 태우는 다이어트 케토제닉 레시피

30. 보건복지부, 한국영양학회: 2020 한국인 영양소 섭취기준

31. Se Hee Kim, Hoon-Chul Kang, Eun Joo Lee, Joon Soo Lee, Heung Dong Kim. Low glycemic index treatment in patients with drug-resistant epilepsy. Brain and Development Volume 39, Issue 8, September 2017, Pages 687-692
Sama Boles 외. (2020). No improvement in quality of life in children with epilepsy treated with the low glycemic index diet. Epliepsy & Behavior 104

맺음말

이 책이 난치성 소아신경질환을 앓고 있는 어린이들과 가족에게 힘이 될 수 있기를 바랍니다.
《이영목, 나지훈 교수의 소아청소년 신경질환을 위한 저당지수 식사 가이드》는 저당지수 식사요법 실천을 위한 책으로 저당 메뉴의 조리와 식단 구성 과정의 어려움을 덜어 내고 아이들에게 즐거운 식사 경험을 제공하고자 발간되었습니다.

저당지수 식사요법(Low Glycemic Index Treatment, 이하 LGIT)은 혈당 지수가 낮은 음식을 섭취해 혈당을 조절하고, 발작 등 특정한 증세를 예방하거나 빈도를 줄이는 데 도움을 주는 치료법입니다.
LGIT는 일상 식단에 유연하게 적용할 수 있다는 장점이 있지만, 치료 목적의 다른 식사요법과 마찬가지로 특정 영양소(탄수화물)의 제한이 전제됩니다. 이에 연세의대 강남세브란스병원 영양팀과 네츄르먼트에서 개발한 레시피의 맛과 풍미를 살리는 방법에 대해 깊이 고민했습니다.

이 책에는 100가지 메뉴가 담겼습니다. 모든 조리법은 쉽고 간편하게 메뉴를 완성할 수 있도록 실용적인 방식으로 구현했고 주요 과정도 촬영하여 조리 과정의 이해를 도왔습니다.
다채로운 맛과 보는 즐거움을 선사하기 위한 다양한 일품요리 조리법, 밥과 면 요리를 저당식에 적합한 방식으로 조리하는 방법, 간식과 도시락을 예쁘고 먹음직스럽게 구성하는 방법 등 한 끼의 식사가 아이들에게 즐거움을 줄 수 있도록 다양한 콘텐츠가 담겨 있습니다.
우리가 매일 경험하는 식사는 질환 극복을 위한 중요한 치료 수단의 일환이기도 하지만, 맛있는 음식을 먹는 행복과 즐거운 식사 경험을 하는 것 또한 놓칠 수 없는 부분입니다. 강남세브란스병원 의료진과 영양팀, CJ프레시웨이는 이 점을 아로새기며 책을 완성했습니다.

집필진의 노력이 아이들의 건강하고 행복한 일상에 기여할 수 있기를 진심으로 기원합니다.

CJ프레시웨이

찾아보기

ㄱ~ㅁ

가지덮밥	162
견과류죽	134
견과코코넛초콜릿	284
곤약로제떡볶이	196
곤약밥	100
곤약자장면	154
곤약해물라면	156
그릭요거트볼	288
김치두부오므라이스	178
달걀게살수프	136
달걀반세오	192
달걀양배추볶음밥	160
달걀오코노미야키	188
달걀피자	180
닭가슴살유부구이	122
닭죽	135
당근라페유부롤	222
두부나초	260
두부면 크림치즈파스타	144
두부면 팟타이	158
두부밥	99
두부스테이크	124
두부유부초밥	220
두부후무스 오픈샌드위치	238
들기름막국수	148
딥핑토마토치즈퐁듀	194
또띠아랩샌드위치	236
라이스페이퍼만두	216
라이스페이퍼튀김 연어샐러드	244
레몬커드아이스크림	258
리코타치즈 오이샌드위치	232
매콤닭볶음면	152
메밀면김밥	228
명란달걀말이	126

ㅁ~ㅇ

무설탕 딸기에이드	256
반숙달걀장	128
밥전	182
버섯떡갈비	112
버섯크림수프	137
버터치킨커리덮밥	176
보리견과바	272
부라타치즈샐러드	248
브런치 플레이트	240
브로콜리 양배추밥	98
삼치마요네즈구이	118
새송이밥	97
새우버터구이	110
생크림푸딩	274
소고기들깨미역국	102
소고기분짜	150
소고기육전	108
소고기콜리플라워컵밥	174
소시지머핀	268
순두부프리타타	184
스테이크마늘솥밥	168
스프링롤	226
아롱사태편육	116
아몬드와플	264
아보카도 아몬드스무디	255
아몬드 캐슈너트밀크	254
아보카도명란덮밥	170
아보카도버거	230
안심구이샐러드	246
연두부달걀찜	130
연어달걀키쉬	270
연어스테이크	206
오븐구이 돈가스정식	200
오이무침	101
오징어버터볶음밥	164

ㅇ~ㅎ

우무묵콩국수	142
저당마라탕	198
전복구이샐러드	250
차돌된장찌개	106
차돌박이볶음과 두부쌈	186
참치마요덮밥	172
참치양배추롤	212
참치채소전	120
치떡치떡	282
치즈멘치카츠	114
치즈샥슈카	204
치즈양상추샐러드	242
치즈케사디아	224
치킨스테이크	190
코코넛견과치즈롤	280
코코넛밀크 아이스바	257
코코넛젤리	278
코코넛투윌	286
콜리플라워김밥	218
콜리플라워달걀볶음밥	166
콜리플라워밥	96
크렘브륄레	276
크림치즈쿠키	262
키토김밥	214
포두부 라자냐	146
피시칩타코	234
함박스테이크 정식	202
해물순두부찌개	104
해산물그라탕	208
해초면비빔국수	140
황태달걀죽	132
흑임자티라미수	266

[이론 편]

진행 총괄	나지훈 교수(연세의대 강남세브란스병원 소아청소년과 신경분과)
진행 지원	김우정 영양팀장(연세의대 강남세브란스병원 영양팀)
	여지연 영양사(연세의대 강남세브란스병원 영양팀)
	이지현 사회사업팀장(연세의대 강남세브란스병원 사회사업팀)
	태형선 사회복지사(연세의대 강남세브란스병원 사회사업팀)
	조희연 전담간호사(연세의대 강남세브란스병원 소아청소년과 신경분과)
감수	이영목 교수(연세의대 강남세브란스병원 소아청소년과 신경분과)

[레시피 편]

메뉴 개발	김우정, 여지연, 이미경(㈜네츄르먼트 요리연구소 소장)
요리 총괄	김혜경(CJ프레시웨이 메뉴시너지팀)
요리	김우중, 이상호(CJ프레시웨이 FS병원운영그룹),
	조승범, 반주현, 이용규, 최세웅, 신혜원(CJ프레시웨이 메뉴시너지팀)
푸드 스타일링	김혜경, 박도은(CJ프레시웨이 메뉴시너지팀)
사진	이과용, 박근성(15스튜디오)
후원	도미노피자 이 책은 한국도미노피자의 제작 지원을 받았습니다.

이영목, 나지훈 교수의
소아청소년 신경질환을 위한

저당지수 식사 가이드
Low Glycemic Index Treatment

초판 1쇄 발행 2025년 5월 5일
초판 2쇄 발행 2025년 7월 29일

지은이 연세의대 강남세브란스병원(소아청소년과 신경분과, 영양팀, 사회사업팀), CJ프레시웨이
펴낸이 김영조
편집 김시연, 진나경, 최희윤 | **디자인** 정지연 | **마케팅** 김민수, 강지현 | **제작** 김경묵 | **경영지원** 정은진
펴낸곳 싸이프레스 | **주소** 서울시 마포구 양화로7길 44, 3층
전화 (02)335-0385 | **팩스** (02)335-0397
이메일 cypressbook1@naver.com | **홈페이지** www.cypressbook.co.kr
블로그 blog.naver.com/cypressbook1 | **포스트** post.naver.com/cypressbook1
인스타그램 싸이프레스 @cypress_book | 싸이클 @cycle_book
출판등록 2009년 11월 3일 제2010-000105호

ISBN 979-11-6032-248-4 13590

- 이 책은 저작권법에 따라 보호를 받는 저작물이므로 무단 전재 및 무단 복제를 금합니다.
- 책값은 뒤표지에 있습니다.
- 파본은 구입하신 곳에서 교환해 드립니다.
- 싸이프레스는 여러분의 소중한 원고를 기다립니다